横浜の時を旅する

ホテル　ニューグランドの魔法

山崎洋子
Yamazaki Yoko

春風社

写真・大森裕之
Hiroyuki Omori

横浜の時を旅する——ホテル　ニューグランドの魔法

横浜の時を旅する——ホテル　ニューグランドの魔法

もくじ

プロローグ　時の扉を開けて……7
開港横濱の大パノラマ……17
日本の職人技・横浜家具……33
関東大震災復興のシンボル……45
横浜の洋食店に根付くサリー・ワイルの心……58
ミスター・シェイクハンドが迎えたマッカーサー……75
明治の世界一周旅行——野村みち……86
犬を連れたロシア婦人……98
大仏次郎の部屋と二人の「おはな」……113
日本の命運を賭けたニューグランドの一夜……125
不思議な形——横浜中華街……134

文豪たちを魅了した元町……143
ホテル・レストランの楽しみ方
——宇佐神茂ホテルニューグランド総料理長に聞く……163
中庭の美味
——イル・ジャルディーノ……186
ベテラン・バーテンダーは水先案内人……199
日本は絹の国だった……217
アフタヌーンティーと横浜のお茶場……226
氷川丸の数奇な年月……240
インド水塔が山下公園にあるわけ……248
やっぱりジャズでしょ、横浜は……254

ホテル・スタッフの打明け話　72／121／158／222／260
秘密のハッピー・スポット　265
あとがき　276

大さん橋
氷川丸
山下公園
インド水塔
山下公園通り
シルクセンター
マリンタワー
県民ホール
ホテルニューグランド
フランス山
港の見える丘公園
産業貿易センタービル
元町・中華街駅
日本大通り駅
シルク通り
開港道
外国人墓地
中華街
元 町
関帝廟
横浜スタジアム
N
E
W
S
0
500m
JR石川町駅
山手イタリア山庭園

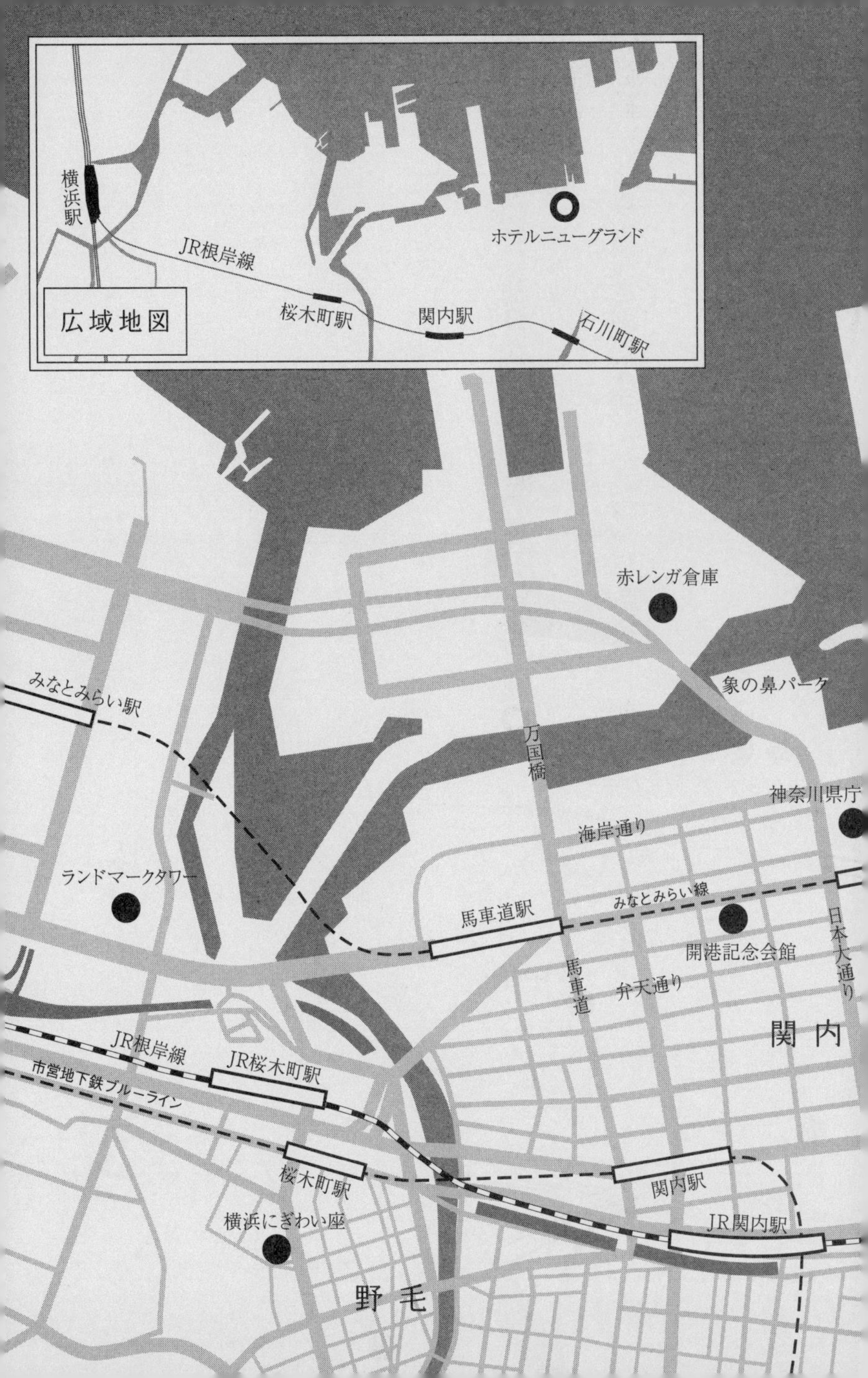

横浜駅
JR根岸線
ホテルニューグランド
桜木町駅
関内駅
石川町駅
広域地図
赤レンガ倉庫
象の鼻パーク
みなとみらい駅
万国橋
神奈川県庁
海岸通り
ランドマークタワー
みなとみらい線
馬車道駅
日本大通り
開港記念会館
馬車道
弁天通り
関内
JR根岸線
JR桜木町駅
市営地下鉄ブルーライン
桜木町駅
関内駅
JR関内駅
横浜にぎわい座
野毛

プロローグ　時の扉を開けて

「ホテルを舞台にした短編連作、読ませていただいております。シリーズの締めは横浜のホテルニューグランドにしたい、と雑誌のインタビューでおっしゃってましたが、当ホテルは現在、新館の工事が始まっております。それに伴って本館のリニューアルも行われます。できればいまのうちに、昔からのニューグランドをご覧になっておいてください」

そんな葉書を受け取ったのは、元号が昭和から平成に代わって間もなくの頃でした。宛先は、わたしが実在のホテルを舞台にした短編を連載していた小説誌。差出人は、ニューグランドホテル従業員、としか記されていません。

あわてました。ホテルが大好きで、旅でなくても、家のすぐ近くであっても、気になるホテルには泊まっていたのに、ニューグランドだけはまだだったからです。

それにはもちろん理由があります。まだ横浜に住んでいなかった頃から、このホテルはわたしにとって特別な存在でした。しかるべき時が来たら、しかるべき心構えで行くんだと決めていました。その時がいつなのかわからないまま、通りがかりに外から眺めるだけでした。

けれどもリニューアルで変わるかもしれないとあらばこうしてはいられません。さっそくホテルに予約の電話を入れました。どうせなら有名なマッカーサー・ルームにと意気込んだのですが、あいにくわたしが希望する日はふさがっているとのこと。でも同じタイプのスィートがあるというので、そこをとりました。このホテルが米軍に接収されていた頃、女性将校がその部屋を使っていたそうです。

葉書をくださった方の名前は、いまだにわかりません。捜そうと思ったこともありません。でも一枚の葉書が、ニューグランドという夢の扉を開いてくれたことはまぎれもない事実でした。

わたしがじかに横浜を見たのは、中学二年の春でした。関西にある海辺の町から、修学旅行で東京・横浜というコース。じつのところ何にも覚えていないのですが、唯一、記憶に残っているのが横浜の山下公園に立ち寄ったことです。

ここが横浜なんだ、ほんとに横浜にいるんだ。そうだ、大人になったら必ずここへ戻ってこよう。来るんじゃなくて、戻ってくる。なぜなら、横浜こそわたしの住むべき場所なんだから……そう決めました。

なぜそれほど横浜に対する思い入れが強かったのか、説明が必要ですね。

わたしは小学校高学年の頃から、海のそばにある小さな図書館に入り浸り、海外ミステリーばかり読んでいました。アガサ・クリスティー、エラリー・クィーン、ヴァン・ダイン……図書館にあるだけ、すべて。

欧米の翻訳小説には、きらびやかなものがぎっしりと詰まっていました。ましてやこの頃のミステリー小説は、「英国紳士が安楽椅子で楽しむ最高の娯楽」と称されたもの。彼らに馴染み深い上流の生活が、あたりまえのように登場します。まだ発展途上にあった日本の、地方の町に住む夢見がちな女の子が、それを読んで外国に憧れるのも無理ないことだったのです。

外国と言えば、まだその頃、飛行機よりも船で行くというイメージでした。そして外国航路といえば横浜港です。「横浜の波止場から船に乗って……」という童謡「赤い靴」による刷り込みも大きかったかもしれません。

日本でいちばん外国に近い街――それが横浜だったのです。

あとになってから知ったことですが、開港100周年事業のひとつとしてマリンタワーが建設されたのもこの年でした。でも、わたしはなぜか覚えていません。なのにそのすぐ隣にあったライトグレイのどっしりとした洋館は、瞼《まぶた》の奥に焼き付いています。

もしかしてあれが、翻訳ミステリーによく出てくるホテルというものかもしれない……と、その時、思いました。それが横浜のシンボル的なホテルだと知ったのは、大人になり、横浜の住人になってからのことです。

「ホテルニューグランドに泊まれるようになったのは、私がもの書きになってからであった。元町や中華街から近い海岸通りのニューグランドには、中にこそ入らなかったが、その外側から見て、いつかは泊まってやろうと思っていた。

もの書きになってから、私は取材と称して横浜へ行き、ニューグランドに泊まった。いかにも昔の一流ホテルといったたたずまいのホテルだった。部屋の中も天井が高く、家具類も古びてはいるがどっしりしていた。最上階にあるルーフ・ガーデンで食事をとると、港が一望の下に見渡せた。かつて、その港を荷役に行く艀《はしけ》の上から眺めた私にとっては感無量の思いがあった。

かつてはボロをまとい、くたくたになって艀に横たわっていた身が、今ここであこがれの一流ホテルに泊り、港を見渡す食堂でフランス料理を食べている。

まさに夢の思いであったが、それはまた日本人全体が味わっている夢でもあった」


これは1988年(昭和六三)、平凡社発行のグラフィック・マガジン「太陽」に、故・生島治郎さんが発表された「横浜感傷旅行」というエッセイの一部です。

生島さんは、1933年(昭和八)、上海生まれ。終戦後、家族と共に日本に引き揚げ、横浜で育ちました。早稲田大学英文科を卒業後、早川書房の編集者になります。わたしが夢中で読んでいたハヤカワ・ミステリの出版元です。

やがて作家になり、1967年(昭和四二)、「追いつめる」で直木賞受賞。2003年(平成一五)に亡くなるまで、ハードボイルドの旗手として活躍しました。

わたしは1986年(昭和六一)に江戸川乱歩賞を受賞して作家になったのですが、その2年後、「太陽」で生島さんのこのエッセイに接しました。

この頃、わたしはすでに三〇代も後半。横浜を舞台にした小説でデビューし、横浜

の住人になってはいましたが、まだニューグランドには入れないままでした。

時あたかもバブル期。お金さえあればどこへでも出入りすることのできる世の中になってはいました。けれども、お金で買いたくない夢もあります。あの生島さんでさえ、ニューグランドに泊まるにあたって、「取材」という名目をつけずにはいられなかった。歳はいってってもひよっこ作家のわたしなど、まだまだ早い……そう自分に言い聞かせました。

冒頭に記した葉書が届いたのは、それから1年余りたった頃。おかげでわたしも、ついにニューグランドへ足を踏み入れることになったのです。

この時の、米軍女性将校が使っていたという部屋を皮切りに、その後、バスタブがなくてシャワーだけのシングルルーム、マッカーサーズ・スイート、大仏《おさらぎ》次郎が仕事部屋にしていた部屋など、さまざまな部屋に泊まりました。

そして知ったのです。このホテルのいたるところに、タイムトリップの扉が隠されていることを――。

横浜は、華やかなだけの港町ではありません。波瀾万丈でミステリアス。扉の奥には、また別の扉があります。日本開国の歴史は、横浜開港の歴史でもあると、あらためて知りました。

それではご案内しましょう。まずはいきなり、絢爛《けんらん》たる「開港絵巻」です。

開港横濱の大パノラマ

タワー館最上階にあるチャペルから、海側を見下ろしたことがあります。言葉が出ないほど感動しました。みなとみらい、赤レンガ倉庫、大桟橋《おおさんばし》、象の鼻パーク、山下公園、ベイブリッジ……。

自慢げに聞こえるかもしれませんが、横浜在住のわたしはどれも見慣れています。でも、それがいちどきに、大パノラマになって目の前に広がっているのです。この迫力は巨大スクリーンの映画だってかなわないでしょう。

夕暮れになると、明かりがひとつ、ふたつと灯り始め、やがて豪奢な夜景が出現します。どれだけ眺めていても飽きることはありません。

このパノラマは、開港横浜の歴史を物語る一大歴史絵巻です。ただ眺めているだけではもったいなくて、わたしとしてはそれを語らずにはいられません。

といっても、難しいお勉強ではありません。ごくさわりだけ申し上げておき、あとからゆっくりお話ししましょう。その上で、さらに深く知りたくなったらご自分で調べてみてください。ニューグランドから徒歩5分足らずのところには、開港資料館もあります。

では、案内させていただくに先立って、あなたの頭にいま浮かんだ横浜の光景をすべて消し去ってください。

なんにもない。目の前にあるのは広漠《こうばく》たる海だけ。

あなたは広い砂洲《さす》の上で海に向かって立ち、打ち寄せる波の音を聴いています。横に長く伸びたこの砂洲は、洲干島《しゅうかんじま》と呼ばれていました。どのくらい広い砂洲かというと、元町の脇を流れる堀川から、桜木町駅前のランドマークタワーに近いあたりまで。

砂洲の左右には、緑におおわれた丘があります。

右手の丘が山手、左手の砂洲が途切れて、海を隔てた向こうにある丘が野毛です。

砂洲の野毛側には洲干弁天《しゅうかんべんてん》と呼ばれる神社があり、そのあたりは風光明媚《ふうこうめいび》だというので江戸浮世絵にも描かれていました。

砂洲の山手寄りには、横浜村と呼ばれる戸数百足らずの村がありました。ニューグランドが建っているあたりも、その村の範囲内になります。

横浜村の暮らしは半農半漁。砂洲に畑をつくって作物を植えたり、砂浜から舟を漕ぎだして魚を捕ったりという素朴な暮らしでした。

砂浜の背後は沼地でした。入り海を隔てたさらにその奥は、江戸時代の初期に出来た埋立地。いま、伊勢佐木町などがあるところで、吉田新田と呼ばれていました。まだほとんどは田んぼや畑です。

幕末まで、まったく目立たない存在であった横浜村が、なぜいまのような街になったのでしょう。運命を変えたのは、ペリー艦隊。ご存じの黒船です。1853年（嘉永六）、ペリー提督の率いるアメリカ艦隊が、突如、浦賀に現れました。そして日本に強く開国を迫ります。

即答できない幕府に対して、ペリーは一年だけ待つと言い置き、引き上げていきま

した。

鎖国だったとはいえ、オランダ、中国とは長崎を通じて交易していたのですから、日本も世界情勢に疎《うと》かったわけではありません。イギリスやフランスなど、列強と呼ばれる国がアジアに植民地を広げつつあること、まだ植民地を持っていないロシアやアメリカが日本を狙っていることを、幕府は知っていました。

ことにアメリカは当時、世界一の捕鯨王国。捕鯨船の給水、食糧確保、修理のために、どうしても日本を基地にする必要があったのです。

一年という約束だったのに、ペリーは半年余り後に、軍艦七隻《せき》を率いて再来日しました。しかも今度は浦賀ではなく、首都である江戸へ入ろうとしています。

アメリカに対して開国すれば、他の列強国も黙ってはいないでしょう。続々と進出してくることは間違いありません。あの大国だった清国は、そうやって列強の食いものにされ、内乱まで起きて滅亡の危機に瀕《ひん》しています。小さな日本など、ひとたまりもないでしょう。

それでも幕府は、アメリカの申し出を呑むしかありませんでした。欧米はすでに産業革命を果たし、機械化が進んでいます。武器の発達も日本とは比べものになりません。船にしても日本はまだ木造の帆船《はんせん》。鉄製の巨大な蒸気船と、その脇腹から突き出た大砲を見れば、力の差は一目瞭然でした。

問題は日米会談の場所をどこにするかです。江戸からそう遠くない場所、ということで横浜が急浮上しました。海に突き出た砂洲だし、小さな村しかない。万が一の事態が起きてもここだけでくいとめることが可能だ、と幕府は判断したのです。

ペリー艦隊の交渉役、アダムス中佐は横浜村へ出向いて実際に検分し、幕府の提案を承諾しました。沖の水深が深いので艦隊を停泊させることができる、大砲を撃ち込めば砂浜に届く、線路を敷いて蒸気機関車の模型を走らせ、日本人を驚かせる予定だが、そのための空き地も充分ある、というのでアメリカ側にとっても悪くない場所だったのです。

それからほんの十日間で、玄関の間《ま》、饗応《きょうおう》の間、調理室などを含めた五棟、百畳分の応接所が、砂洲の上に建設されました。場所は、現在、開港資料館のあるあたりです。艦隊の放つ祝砲が轟《とどろ》き、艦隊所属の軍楽隊が「ヘイル・コロンビア」を演奏する中、五百名近い隊員達が正装で上陸しました。

その時の様子を、艦隊の随行画家、ウィリアム・ハイネが描いています。ニューグランドの宴会場「ペリー来航の間」には、その絵を大きく引き伸ばしたものがありますから、ゆっくりご鑑賞ください。


こうして1854年(安政元)、日米和親条約が締結されました。1858年(安政五)にはアメリカを筆頭にオランダ、ロシア、イギリス、フランスの五ヵ国と修好通商条約を結び、いよいよ日本は世界に向けて大きく門戸を開いたのです。

まったく平等ではなかったものの、さほどひどい不平等条約にはならなかったのですから、当時の幕府は大国相手によく頑張ったと、わたしは思います。

さてそうなると、さっそく必要なのが外国船を受け入れるための港です。それも重要なのは江戸に一番近い港をどこに設けるかということ。

条約では「神奈川」ということになっていました。アメリカ側は当然、「神奈川」

の中心は神奈川宿だと思っています。しかし日本側は、人の往来が激しい街道沿いに外国人が入ってくることを懸念しました。事件が多発するのは眼に見えています。そこでまたまた横浜村が浮上しました。

この頃、まだ「神奈川県」というものはなかったわけですが、幕府は「横浜も神奈川の内です。なんら条約にそむいてはいません」と主張し、アメリカがまだ承諾していないのに横浜を開港場に決めてしまいました。横浜村に波止場や役所や宅地を突貫工事で造成して既成事実をつくり、強引に横浜を開港場にしたのです。

現在、大桟橋のある場所に、1859年(安政六)、最初の波止場が築かれました。そして、砂洲と山手の丘の間に運河を整備しました。横浜の中心部は海と川と運河に四方を囲まれ、島のようになったのです。

川と運河に架けられた橋のたもとに関門が配され、出入りする者、ことに刀を持った侍は厳しくチェックされました。駅名として残っている「関内」は、関門の内側という意味です。

港を中心として、関内は大きくふたつに分けられました。海に向かって右側が外国

BALI HAI

横浜異人商館之内に在南京人自分部屋之図（横浜市中央図書館所蔵）
開港当時に活躍した中国人

人居留地、左側が日本人町です。居留地では波止場の前を一番として、建物に番号がつけられました。ニューグランドのあるところは居留地十番です。居留地には外国商館やホテルが、日本人町には各地から出店した商店が続々と建ち並びました。

１８５６年（安政三）に埋め立て造成が完了した太田屋新田には、江戸の吉原や長崎の丸山に勝るとも劣らぬ遊廓が建てられていきます。清国人も多く来日し、西洋人と日本人の仲立ちとして大活躍しました。居留地の中で彼らが居を定めた場所が、いまの中華街です。

源氏君花街遊覧 岩亀楼（横浜市中央図書館所蔵）
当時の遊廓の華やかさを偲ばせる。

また、居留地十番の前にはフランス波止場と呼ばれた小さめの波止場もありました。後に居留地が山手にまで広がると、元町は外国人向けの商品を扱う商店街として発展していきます。

静かな洲干島は、あれよあれよというまに国際都市へ変貌していきました。しかし開港から7年後の1866年（慶応二）、大火が発生し、居留地の四分の一、日本人町の三分の一が焼失します。火元に近かった遊廓も全焼しました。

急ごしらえだった町は、そこから本格的な西洋式まちづくりを取り入れていきます。日本大通りは日本初の広々とした西洋式大通りになり、レンガやモルタルの耐火建築が建ち並びました。遊廓のあった場所は、避難場所を兼ねた公園に変わりました。日本初の洋式庭園は外国人専用の山手公園ですが、日本人も外国人も利用できる公園としては、これが最初の洋式庭園。現在の横浜公園です。

波止場にある二本の桟橋も、この時、造り替えられています。火事に遭う前の桟橋は、二本とも真っ直ぐ海に突き出ていました。大型の船が着く設備はまだなかったので、艀《はしけ》が船と波止場を往復して、人や荷物を運んでいました。

でも風や波が強いと、艀は波止場の一方に押しやられてしまいます。再建にあたって、これが改善されました。突堤《とってい》の先端を湾曲させることで、風を防ぐようにしたのです。この桟橋は「象の鼻」と呼ばれ、人々に親しまれました。

慶応二年の大火以降も、１９２３年（大正一二）の関東大震災、１９４５年（昭和二〇）の横浜大空襲と、横浜中心部は何度か壊滅的被害に見舞われています。そのつど、街は大きく変わりました。

世界一の夜景を誇る「みなとみらい」が、事業着工したのは１９８３年（昭和五八）。

JICA横浜

そのシンボルであるランドマークタワーは1993年（平成五）に開業しています。

変遷《へんせん》を経て、波止場が「鯨の背中」という愛称を持つ大桟橋国際客船ターミナルに変わったのが2002年（平成一四）。以後、クィーン・エリザベスをはじめとして、世界の豪華客船が横浜へ入港するようになりました。

いにしえの桟橋「象の鼻」は、開港150周年にあたる2009年（平成二一）、「象の鼻パーク」へと生まれ変わり、横浜の新しい観光名所になっています。

開港からたったの150年余りなのに、この街はなんとドラマチックに移り変わってきたことでしょう。

さて、次のタイムトリップ・ドアは本館ロビーに通じる回転ドアです。

日本の職人技・横浜家具

ホテルニューグランド本館は横浜市歴史的建造物に指定されています。シンプルで重厚な建物ではありますが、アール・デコ調の優美な曲線が、全体の印象をやわらげています。

設計は渡辺仁。彼は後に銀座の和光（旧服部時計店）や東京国立博物館なども設計することになりますが、この時はまだ38歳。新進気鋭の建築家でした。

カフェの明かりが洩《も》れる角に立ち、壁の上部を見上げてみましょう。そこにレリーフがあり、「ＡＤ１９２７」という文字が刻まれています。１９２７年（昭和二）、ニューグランドが誕生した年です。

現在、回転ドアのある場所に、もとはホテルの正面玄関がありました。

一歩入ると、目の前に濃紺の絨毯《じゅうたん》を敷き詰めた階段が現れます。ところどころに青い霧を吹き付けたようなレトロ・ベージュの手すりは、イタリア製のタイル。絨毯の色はこのホテルのいたるところに使われている「ニューグランドブルー」です。

ニューグランドを訪れたことのない人も、写真や映像で何度か、この有名な階段を眼にしているのではないでしょうか。喜劇王チャーリー・チャップリンが付け髭のない素顔で、野球王ベーブ・ルースが子供のような笑顔で、若き日の石原裕次郎が押し寄せるファンから逃れて、着飾った舞踏会の客達が、純白のウェディングドレスをまとった花嫁が……そう、どれだけの華やかなドラマがこの階段を上り下りしたことでしょう——。

緊迫したドラマ、切ないドラマも、もちろんあったのですが、それはまたあとで——。

階段の上はロビーです。フロントもここにありました。こうした造りを、イタリア・ルネサンスの建築様式で「ピアノ・ノビーレ（高貴な階）」と呼ぶそうです。

豪壮な邸宅では、大きな窓があって日が明るく差し込み、しかも静かで眺めが良い

二階に、応接間などの重要な場所を置いたといいます。

「昔は外国人のお客様がほとんどでした。外国航路の船が横浜港に着くと、そこからまっすぐニューグランドへいらっしゃるのです。船だから、荷物は大きなトランクを何個も持ち込めます。エレベーターなんてものは使いませんよ。ボーイ達は重いトランクを持って、この階段を一段一段上がったのです」

ベテランのスタッフが、懐かしそうに語ってくれました。

階段を上がりきった外国人の客は、そこでみんな眼を見張り、溜息を漏らしたそうです。ホテルという西洋建築に、見事、調和した東洋芸術の粋《すい》——。

まずは階段正面の壁上部に、飛翔する天女を描いた半円の綴《つづ》れ織りが出現します。高い天井から下がっているのは天平《てんぴょう》様式の吊り灯籠型ライト。ロビーを右手奥に入ると、壁のブラケットのひとつひとつに、琵琶《びわ》を奏でる弁財天が浮かび上がります。

インド風の美女が舞う石膏のレリーフもあります。あまりに艶《つや》っぽいので、米軍の接収中、将校が持って行こうとした、というエピソードも残っています。そのせいか、ちょっと目立たないところにあります。目線を上にして、よく探してみてください。

絨毯も、たっぷりとしたタッセルのついたカーテンも、色はもちろんニューグランドブルー。日が暮れると舗道のガス灯がともり、窓外の銀杏が淡いレリーフのように浮かび上がります。

でも、このロビーの華はなんといっても家具です。ここにある椅子、テーブル、ソファの多くが、開業当時に特注で造られたもの。他ではめったに目にすることのない、「横浜家具」と呼ばれるクラシック家具なのです。

横浜にはたくさんの「日本ではじめて」がありますが、洋家具もそのひとつでした。横浜に洋館が建ち並ぶようになると、必然的に洋家具の需要がでてきます。でも革や布を張った家具、脚がカーブした家具などは、日本にはないものでした。

日本の家具職人達は、まずは外国から持ち込まれた洋家具の修理から始め、形、意匠、それを造る道具の使い方などを、ひとつひとつ覚えていったのです。

元町にはクラフトマンシップ・ストリートと名付けられた通りがあります。本通りから一本、山手側へ入った通りです。その名のとおり、ここにはたくさんの職人が住み、彼らの工房がありました。その多くが家具職人で、馬具職人や宮大工から転身し

た人が多かったようです。

一口に洋家具と言っても、国によって様式が異なります。日本の職人達はすべての様式をマスターしたばかりか、そこへ日本の技術とオリジナリティーをくわえました。そうして誕生したのが横浜家具と呼ばれるものです。

残念ながら関東大震災や空襲で、横浜の洋館などにあったものはほとんどなくなりました。ニューグランドに残された横浜家具は、空襲を逃れ、今日まで大切に守られてきた貴重なものです。布を張り替え、毎日、ていねいに磨かれています。

中央に円《まる》いレリーフのある新聞掛け、三人掛けのゆったりしたソファ、肘掛けが外側に向けて大きく広がった一人掛けソファ、半円形や長方形のテーブル、マガジンラックも横浜家具です。

アームの先に天使の顔をあしらった椅子はキングチェア、カーブしたアームの先が牡羊の角のように湾曲した椅子はジャックチェア、布貼りの一人掛けソファのうち、背もたれが高くまっすぐ伸びているものはクィーンチェアと呼ばれています。

そっと腰掛けてみましょう。繊細な彫刻に手を触れてください。過ぎ去った「時」

があなたをそっと抱きしめてくれるでしょう。

元町にも、横浜家具を継承する「ダニエル」という老舗の洋家具店があります。そこでおもしろい話を聞かせていただきました。

終戦直後の、物のない時代。横浜に来た外国人は「横浜家具」をたちまち気に入り、ことに安楽椅子を欲しがったそうです。けれどもそれに貼る上等の布が手に入りません。

そこで思いついたのが着物の帯です。食料や日用品を手に入れるため、女性たちは大事にしていた帯を売りました。これを安楽椅子に貼ってみたところ、幅がぴったり合いました。

きらびやかな絹の帯を貼った安楽椅子は「オビ・チェア」と呼ばれ、外国人に絶大な人気を誇りました。いまも海の向こうのどこかで「横浜の思い出」として大切にされているに違いありません。

ニューグランドに来ると、必ず立ち寄らずにいられない本館ロビー。この空間に漂うただならぬ静謐《せいひつ》には、何度来ても圧倒されます。いまや都会のホテルは、どんな高級ホテルであれ、気軽に入れるようになりました。でもわたしにとってここは別格です。1927年からいまに至るまでの時間が、どこかへ押し流されることなく、ゆっくりと回遊しています。

ニューグランドにはわたしの好きなものがいろいろあるのですが、筆頭はこの、「時の気配」かもしれません。

その「時」は、横浜を襲った大きな震災の後に始まりました。横浜市民がこの悲劇から立ち直るためのシンボルとして、ニューグランドが建設されたのです。

そのいきさつを、ホテルの会長である原範行さんから聞かせていただきました。

関東大震災復興のシンボル

――「ペリー来港の間」という宴会場をご覧になりましたか？　ハイネという画家の描いた「ペリー来港」の図が大きく引き延ばして掛けてありましたでしょ。あの図に描かれたようにペリー提督が黒船艦隊を率いて横浜に上陸したのが1854年（安政元）。横浜村の沖合に、黒船艦隊がずらりと並んだわけです。

それから五年後に開港すると、小さな村だった横浜は国際都市への道をまっしぐらに歩み始めます。1866年（慶応二）に起きた大火で一度、壊滅状態になってはいますが、その悲劇を無駄にせず、当時の最先端をいく近代的な街へと再興したのですから、横浜にはすでに不屈のパワーが生まれてたんでしょうね。

さまざまな国の人が、さまざまな文化を、この街に持ち込みました。それが渾然《こんぜん》一体となり、建物も、ファッションも、料理も、いまとはまた違ったエキゾチシズムを生み出していきました。明治から大正にかけての横浜は、まさに爛熟《らんじゅく》期だったといえるでしょう。

いまその町並が残ってたらすばらしい文化遺産だったと思うのですが、残念なことにまたもや壊滅しました。1923年（大正一二）、9月1日に起きた関東大震災によって。

震災の被害は東京のことがよく語られますが、じつは神奈川……ことに密集地帯である横浜が、最大の打撃を受けました。震源地が神奈川県でしたから。

当時、この海岸通りには、石造り、レンガ造りの建物が並んでいました。それが一瞬にして倒壊しました。しかも大火災が発生して、一面、火の海。栄華を誇った街が、瓦礫と焦土に変わったのです。そう、山手も元町も中華街も関内も……。

関東大震災の死者・行方不明者は一〇万人を超すといわれてますから、凄《すさ》まじい被災です。しかも、いまのように、すぐさま救援物資が届いたり、各地からボランティアが駆けつけたりという時代ではありません。おまけに首都、東京もやられてますからね。日本はもう終わりかという状況でした。

原家の先々代に原三溪《さんけい》という人がおります。三溪というのは雅号でして、本名は原富太郎。横浜を代表する生糸商の一人でしたが、美術品の収集家としても知られ、近代日本画を保護して育てた人物でもありました。

三溪は由緒ある建築物を多く移築して美しい日本庭園を造り、誰でもその素晴らしさに触れられるよう、一般に開放しました。それが本牧の三溪園です。2010年、APECが横浜で開催された時、各国首脳夫人の接待に使われたのも三溪園でした。

関東大震災が起きた時、原三溪は箱根におりました。美術貿易商の野村洋三も一緒でした。野村洋三は後にニューグランドの二代目会長になる人物です。

二人は余震の不安もあらばこそ、即、横浜へ駆け戻りました。駆け戻るといっても大震災直後ですから交通手段もなく、四日間もかかったそうです。

当時、横浜港の輸出品としてメインを担っていたのは生糸です。それを神戸港にもっていかれるという不安が、商人としてはまずあったでしょうね。

すぐに横浜貿易復興会というのが立ち上げられ、三溪は会長に就任しました。この会の働きもあって、生糸貿易はほどなく再開することができましたが、同時にやらなければならなかったのが街の復興です。

横浜政財界の主立った人達で横浜市復興委員会が立ち上げられ、三溪はここでも会長をつとめることになりました。それまで市政にあまり関与しない人だったのですが、この時は街のために必死で駆け回りました。それまでに築き上げた人脈と信用を最大限活用し、政府をはじめ各方面から、横浜への支援を取り付けたのです。

東京より酷《ひど》い状況だった横浜が、東京より一年も早く復興祝賀会を迎えることができたのも、骨惜しみしない優秀な人材が横浜に多くあったということでしょう。

山崎さんは中学の修学旅行で山下公園へいらして、将来は横浜に住むんだと決めたと聞いております。

ご存知かもしれませんが、あの公園は関東大震災で出た瓦礫を埋めて造られました。

日本初の海浜公園でもあります。それまで、あそこは海だったのです。

このホテルの窓から山下公園を眺めると感無量です。なぜならこのニューグランドも、震災からの復興を祈念し、横浜が官民一体となって建設したホテルだからです。


震災が起きる前、外国人居留地からスタートしたこの一帯には何軒もの外国人向けホテルがありました。その中でももっとも有名だったのがグランドホテルです。居留地二〇番にありました。海岸通りの端。もっとも山手寄りの場所です。規模も華やぎも日本一と称賛され、外国人の日本旅行記にも、よく登場しています。

名前が似ているので、「ニューグランドの前身でしょ？」と言われることも多いのですが、違うんです。グランドホテルは外国人経営のホテルでした。

そのグランドホテルをはじめとして、ホテル、領事館、外国商社などが、大震災で全滅しました。これではせっかく貿易を再開しても、外国人ビジネスマンの宿泊場所がありません。

瓦礫を片付けた空き地にテントを張って、臨時のトイレなども造って、10組から15組がそこに泊まっていた、などということも震災からしばらくはあったようです。でもそんな状態で国際貿易都市の役目は果たせません。そこで横浜市と民間が協力して、復興のシンボルとなるようなホテルを建設しようということになりました。つまりホテルニューグランドは特定の個人ではなく、横浜の官民が共同で立ち上げたものなのです。

ホテルの名称は一般公募でしたが、ホテルニューグランドに決まったのは、「以前あったグランドホテルが甦ったかのようなホテルに」という願いを込めてだったと聞いています。

そして1927年(昭和二)にめでたく竣工《しゅんこう》したのがこの本館です。大震災からの復興のシンボルであり、強度も耐久性も、通常の設計よりはるかに上のため、横浜で震度5強だった3・11(東日本大震災)の際も微動だにしませんでした。

1991年(平成三)にタワー館を建設してからは、防災関連の顧問をつけ、定期的に防災訓練を実施しています。3・11の際のお客様の誘導や、避難してこられた方達に対するケアも、おかげでとどこおりなく行えたと思っています。

私自身は関東大震災を体験していませんが、空襲の体験がありますからね。「無事」ということがどれほどありがたいものか、身に染みています。

そう、横浜は大震災からたったの22年で、またもや第二次大戦の米軍の空爆で壊滅状態になるわけですが、その話は野村弘光常務（75頁〜）にお願いするとしましょう。

私はタワー館のことを少し語らせていただきます。


私が社長に就任したのは1983年（昭和五八）のことでした。正直言って、たいへんな時期でしたねえ。昭和五三年の円高ショックに始まって、第二次オイルショック。さらに横浜のホテル戦争……。

この頃、横浜の中心部に続々と大ホテルが建ち始め、競争が激化していきました。羽田から成田に国際空港が移ったし、外国航路の客船は激減しつつあったにもかかわらず、です。

ニューグランドも本館をリニューアルし、新館を建設する必要にかられ、すでにその用地として隣接地を買収済みでした。

ところが不況のあおりを受け、建設に到らないまま、当時のトップである野村光正が急逝するという緊急事態を迎えました。野村光正氏は、二代目会長、野村洋三氏の後継者です。

その頃、私は原合名の一部門である原地所という不動産会社の社長をしておりまして、ニューグランドの役員を兼任しておりました。野村光正氏の葬儀では委員長を務めましたが、まさか自分がそのあとを継いで社長になるとは思いもよりませんでした。

また、他の役員方から就任の要請がありましたが、この情勢の中、自らが横浜の老舗ホテルの長たる器だろうかと、非常に迷いました。

最終的には野村社長御逝去の三ヵ月後に就任を受諾しましたが、念願の新館建設についてはいったん棚上げしようと。

いま、私達が持っている伝統に磨きをかける――すなわち先祖から受け継いだ本館の老朽化している部分をリニューアルし、良き伝統をきちんと残して、ニューグラン

Herald Tribune

ド本来の魅力を取り戻そうと。

たいへんな時代でしたから、労使関係も難しい問題がいろいろありましたが、組合幹部とざっくばらんに話し合い、今後の協力を約しました。

おかげで三年後には経営状態が回復してきました。それでようやく、新館建設に着手することができたのです。

その段階で、大型の第三者割当増資を決行しました。「横浜のシンボルになるホテルを、みんなでつくろう」というのが、開業時の精神だったわけですから、横浜にゆかりのある企業を回って協力をお願いしました。

「一般の株主というのは、投資によって利益を得ることが目的です。でもニューグランドへの投資は、横浜の象徴を後世に伝えることが第一です。もしその意志を持っていただけるなら、ぜひ、経営に参画していただきたい」

驚いたことに六、七〇の企業が即答に近いかたちで賛成してくださり、たちまち新しいニューグランド経営の基礎ができました。横浜の人にとって、ニューグランドはそれだけ大切なものだったのだと、あらためて身が引き締まる思いでした。

本館はオリエンタリズムとアールヌーヴォーが混在していて、どっしりした男性イメージがあります。そこで、新館の「タワー館」は明るさと温かみのあるヨーロピアン・エレガンスをコンセプトにしました。内装はフランスのデザイナー、ピエール・イブ・ローションを起用して、特に女性にくつろいでいただける雰囲気を出すことにしました。

おかげさまで経営の基盤は確立しましたが、まだまだ、ホテルにとって厳しい時代です。それでも、レストランの味やサービスの質を落とすことは、絶対にしたくありません。

これからのニューグランドを考える時、なにが一番大事かというと、私にとっては従業員です。彼らの一人一人がこのホテル発足の精神を理解し、やる気を持ち続けてくれる限り、ここはお客様にも愛されるでしょう。

私はそう信じています。

（原範行氏・談）

横浜の洋食店に根付くサリー・ワイルの心

昭和二年（1927）、開業と同時に、ニューグランドはサリー・ワイルというスイス人シェフを総料理長に迎えました。ワイルはまだ三〇歳という若さでしたが、パリの四つ星ホテルで料理主任をつとめ、ヨーロッパ料理界の貴公子と呼ばれるほど高い評価を得ていました。

本場フランスで築き上げた地位を捨て、東洋の小さな国へ赴くにあたっては、ワイルも相当な決心が必要だったことでしょう。

大震災に見舞われるまでの横浜には、外国資本による外国人のためのホテルが何軒もありました。当然、外国人の料理人も数多く働いていました。我こそはニューグランドにふさわしいと申し出た料理人も、じつのところたくさんいたようです。

でもニューグランドには、良くも悪くもこれまでの横浜を引きずることなく、まったく新しい、世界に誇ることのできるホテルにするのだという強い気概がありました。ホテルの顔ともいえるレストランは、どの国の食通をも唸《うな》らせるフランス料理でなくてはなりません。

なぜフランス料理なのか。当時は欧米でも、フランス料理こそ世界一洗練された料理だとされていたからです。

ワイルはその期待に充分、料理の腕で応えました。が、彼の功績は、そんなあたりまえのことだけではありません。誰も予想していなかった大改革をやってのけたのです。

当時の一流ホテル、一流レストランにおけるフランス料理のマナーはとても厳格なものでした。服装は正装、ナイフ、フォークの使い方からワインの飲み方までマナー厳守。注文できるのはコース料理のみ。

客は外国人が圧倒的多数を占めていました。しかも国際的に活躍する人々です。その彼らでさえ、ウェイターの顔色を窺《うかが》っていなければならないほど堅苦しいものでした。

　ワイルはそのルールを大胆に取り払いました。ア・ラ・カルト、つまり一品料理をメニューにたくさん入れ、好きなものを好きなだけ注文できるようにしたのです。「食事は楽しくないと意味がない」というのが、ワイルの持論でした。どれほど立派な料理であろうと、かしこまって、やたらとマナーを気にしながら食べるのではおいしさが半減します。

　ワイルはさらに、カジュアルなグリルをホテル一階に開設しました。そこにピアノを置き、フィリピンから招いたバンドを入れました。ライブを聴きながら、よりリラックスして食事を楽しんでいただこうというわけです。ローストビーフをシェフが客のテーブルのかたわらで切り分けるというパフォーマンスも、ワイルが始めたものです。

　ワイルはみずから客席を回り、客に笑顔で声をかけ、料理の感想を尋ねたり、サービスについての意見を求めたりしました。

　厨房においては、コック達に高い衛生観念を、ボーイ達には親しみと気配りのある接客を、徹底して叩き込みました。

ア・ラ・カルト・メニューもレストランのライブも、料理長と客の交流も、いまでは珍しくありません。けれども、こうしたことを日本で広めたのは、ニューグランドの初代料理長、サリー・ワイルだったのです。

ワイルの考案によるもので、後に全国的なスタンダードメニューになった料理も複数あります。その代表はなんといってもシュリンプドリアでしょう。

ある時、ニューグランドにスイス人の銀行家が宿泊しました。体調を崩しているので、食べやすいものをこしらえてほしい、という注文がワイルに伝えられました。

ワイルは円い太鼓型の器にライスを入れ、小海老のクリーム煮を載せた上にグラタンソースをかけ、オーブンで焼いたものを出しました。

これが、やわらかくて食べやすく、しかもおいしいと客に喜ばれ、ニューグランドの定番メニューとなります。そうするうちにホテルの外にまで評判が広がり、日本の洋食として一人歩きを始めました。カレーやオムライス同様、米が使われているところも、日本人には親しみやすかったことでしょう。

オードブルを少しずつ盛り合わせた「オードブル・フランセ（フランス風オードブル）」、いくつも食べたくなるスモール・ケーキも、ワイルのアイデアでした。

でも、彼の功績の最たるものは人間。ニューグランドから全国の有名ホテル、有名レストランへと翔び立っていった弟子達です。

当時、凄いシェフがいるという評判を伝え聞いた若い料理人達が、こぞってニューグランドを目指しました。その中から育っていったのが、二代目総料理長になった入江重忠、三代目総料理長、高橋清一をはじめとして、内海藤太郎、小野正吉、馬場久、大谷長吉、荒田勇作など、日本における西洋料理の名シェフ達。

彼らは西洋料理と接客の真髄をワイルから学び、料理大国日本の礎を築いていったのです。

弟子達からスイス・パパと慕われ、尊敬されたワイルでしたが、やがて始まった太平洋戦争が、彼の人生に影を落とします。

ワイルはユダヤ人でした。戦争において日本の同盟国であった日本にとっては、好ましからざる外国人です。なんの罪も犯していないのに、軍によって軽井沢に軟禁されました。

戦争が終わると釈放されましたが、ワイルの愛したニューグランドは米軍に接収され、米軍高級将校達の宿舎になっていました。

傷心を抱いて故国へ帰ったワイルでしたが、1956年（昭和三一）、日本から嬉しい知らせが届きました。弟子達が彼を日本に招待したのです。

羽田に降り立ったワイルを、弟子達は全員、純白のコック帽にコック服で出迎えました。戦争は彼の仕事を奪いましたが、日本との絆を壊すことまではできなかったのです。

以後、ワイルは彼らと連携し、日本から若い料理人をヨーロッパへ留学生として受け入れて、その世話をするようになりました。弟子達は東京オリンピックや万国博覧会といった節目にも、ワイルとその夫人を日本に招待しています。

ワイルの功績に報いるため、1973年（昭和四八）、日本政府は勲五等瑞宝章を贈りました。

それでは、ワイルの魂がどのように受け継がれているのか、横浜を代表する洋食店、「センターグリル」と「美松《みまつ》」で、それぞれご主人の話を伺ってみましょう。

まずは野毛にある「センターグリル」の石橋秀樹さんです。


——うちの店のマーク？　そう、「米国風　洋食」って文字が入ってますよね。ええ、もちろん、うちは洋食屋です。アメリカ料理店ってわけじゃありません。

昭和二一年（1946）に石橋豊吉がこの店を出した時、「これからはアメリカだ！」と言って、こんなふうにつけただけなんです。

戦争で、アメリカの凄さを見せつけられた直後でしたからねぇ。このあたりも接収されて、アメリカ色に染まってましたし。追いつけ追い越せの気分だったんでしょう。

私は昭和四〇年（1965）にここを継ぎましたが、先代の石橋豊吉は、私の妻の父親です。昔、ニューグランドのすぐ裏にセンターホテルというのがありましてね。豊吉はそこのレストランのコックだったんです。

料理長は久野岩吉さんといいまして、関東大震災の時に倒壊したグランドホテルで総料理長だった人でした。豊吉はまず、久野さんの元で腕を磨いたんです。で、昭和一三年（1938）にそのセンターホテルを買い取ったのがサリー・ワイルです。ですから、豊吉は二人の名シェフから教えを受けることができたわけです。うちのメニューは半分くらいがセンターホテルのメニューだったものです。ええ、この店の名前も、センターホテルにちなんでつけられたんですよ。

洋食というのは、日本オリジナルの西洋料理ということになるんでしょうかねえ。基本はデミグラスソース。煮詰めた濃いソースですね。ちゃんとした洋食屋は、自分の店だけのデミグラスソースを大事に守ってます。

日本が高度経済成長を始める頃までは、ハレの日に食べに行くのが洋食でした。なにかお祝い事があると、家族みんな着飾って洋食屋へ出かけたんです。

豊吉がサリー・ワイルから教わったのは、「洋食屋はなんでも作れないといけない」ということです。ワイルはニューグランドのメニューに「注文に応じてなんでも作ります」と書かせてたんですよ。

だって横浜には、いろんな国の人が来るでしょ。ことにニューグランドは外国人のためのホテルでしたからね。客がどの国の人間であろうと、ああ、おいしいと喜んでくれる料理を提供する……その技量と心意気がなきゃプロの料理人とはいえない。これがワイルのポリシーだったんですね。

ワイル以前は、大きなホテルとかレストランとかのコックの世界っていうのは、分業があたりまえでしてね。魚をさばく、肉を切り分ける、炒める、煮る、味付けする、鍋を洗う、皿を洗う……全部、それ専用のコックがいて、それしかやっちゃいけなかったんです。何年経っても、そればかり。だから肉料理のコックに魚料理を作れと言っても、できない。職人はそういうもんだという風潮もあったんでしょうね、当時の日本には。

ワイルはそれをやらなかった。どのコックもオールラウンドに料理が作れるよう、順繰りにいろんなことを担当させ、学ばせました。だからニューグランドでは、どの食材もわかる、どんな調理法にも長けている料理人が育った。まさに西洋料理の殿堂でした。

私も及ばずながらその精神を先代から受け継いでます。そのおかげで、いまも「洋食ならセンターグリル」という定評をいただけているのだと思ってます。

戦後、スイスへ帰ったワイルを、昭和三一年（一九五六）に弟子達が日本へ招待した、ということがありましたよ。

じつはその時、振り袖を着て花束を渡す役目をおおせつかったのが、うちの女房だったんです。

女房はその時、一四歳。当時はなんだかよくわからなかったらしくて、夜、遅くまで羽田飛行場で、コックのおじさん達に混じって飛行機の到着を待たされ、ただただ眠かったそうですよ。

大人になってサリー・ワイルのことで取材をうけたりして、なんか凄いことだったんだと、ようやくわかったみたいです。

続いて美松の平野幹弥さんにお話を伺いましょう。

――私の父、平野勇吉は一六歳で神戸の中央亭に入りました。大正一五年（1926）だったと聞いてます。中央亭は明治屋がつくった洋食レストランで、全国的に有名でした。

そこの先輩に海老沼幸七という素晴らしい人がいまして、後にいろんなところの総料理長をつとめた人ですけどね、父はこの人に薫陶《くんとう》を受けて、自分の人生を決めたんです。

洋食をやるのなら英語とフランス語を勉強しておきなさい、と言ってくれたのも海老沼さんだったそうです。父は仕事のあいまを縫《ぬ》って、せっせと語学の勉強に通いました。安い給金の中から授業料を工面してね。

外国の料理本を読む、料理のレシピや輸入食材がわかる、という点で、語学は大事でした。後に横浜で仕事をするようになった父にとっては、接客という点でも、英語やフランス語が大いに役立ったようです。

父は神戸を皮切りに、その頃、全盛期を迎えていた東京・浅草に移ります。「ちんや」というレストランの総料理長を二年つとめた後、昭和一〇年（１９３５）に元町の「喜久屋レストラン」に総料理長として迎えられます。

ええ、洋菓子で有名な喜久屋です。馬車道に、総ガラス張りの立派なレストランがあったんですよ。コックが一〇人くらいいたそうです。

そこへ時々いらしてたのが、ニューグランドの二代目会長、野村洋三さんです。料理人としての技量だけではなく、英語ができるという点も、野村さんに気に入られたらしく、請われてニューグランドの総料理長に就任しました。

子供だった私は、時々、ニューグランドへ遊びに行きました。ちょうど米軍に接収されてた頃のことです。もちろん表からなんか入れません。裏へ回るんです。裏は空き地でしたね、その頃は。

休憩時間のコック達が、そこでよくキャッチボールをしてたんです。みんな、明るい顔をしてましたね。私、それを見て子供心に安心したもんです。戦争には敗けたけど、日本はこれから絶対良くなると。

当時は物不足の時代でしたが、父は立場上、余った食材を米軍から貰うこともありました。それをコック達みんなに、ちゃんと分けてました。

私も肉とかチョコレートとかピーナツの缶詰なんか食べた覚えがあります。どれもほんとにおいしかったなあ。いろんな意味でカルチャー・ショックですよね。

うちの店は昭和三六年（一九六二）の創業です。私は父の後を継いで二代目。

もちろんうちはホワイトソースもマヨネーズもデミグラスソースも、全部、手作りです。仕込みは毎晩、午前三時頃までかかりますね。

デミグラスソースは作りたてじゃなくて二、三日寝かせると、より美味くなるんです。しかも残ったからって冷凍したりしちゃいけない。その日その日で使い切ります。

うちのはほとんど香辛料を使ってないソースなんですよ。いろいろ食べ比べてみてください。横浜の洋食がわかりますから。

洋食屋の心得？　まずは、なんでも作れることです。

それからキッチンを常に清潔にしておくこと。うちは客席からキッチンが丸見えです。見られてもいいように、いつもきれいにしてます。

そして一番肝心なこと。それは伝統の味を伝えていくことです。

伝統は古くなりません。料理の基本がぎゅっと詰まってます。これをマスターすることで、基礎を自分の中に取りこむことができます。基礎もできてないのに奇をてらうと、かならず失敗しますね。

そういう姿勢は、父から受け継いだことです。接収中でも、ニューグランドの厨房にはその精神がちゃんと生きていたと、父は言ってましたね。

そうです。サリー・ワイルの精神です。それこそ素晴らしい伝統だと思いますよ。洋食屋のプライドが、横浜にはどこよりも早く打ち立てられたのだと思います。

behind the hotel new grand ＊ホテル・スタッフの打明け話

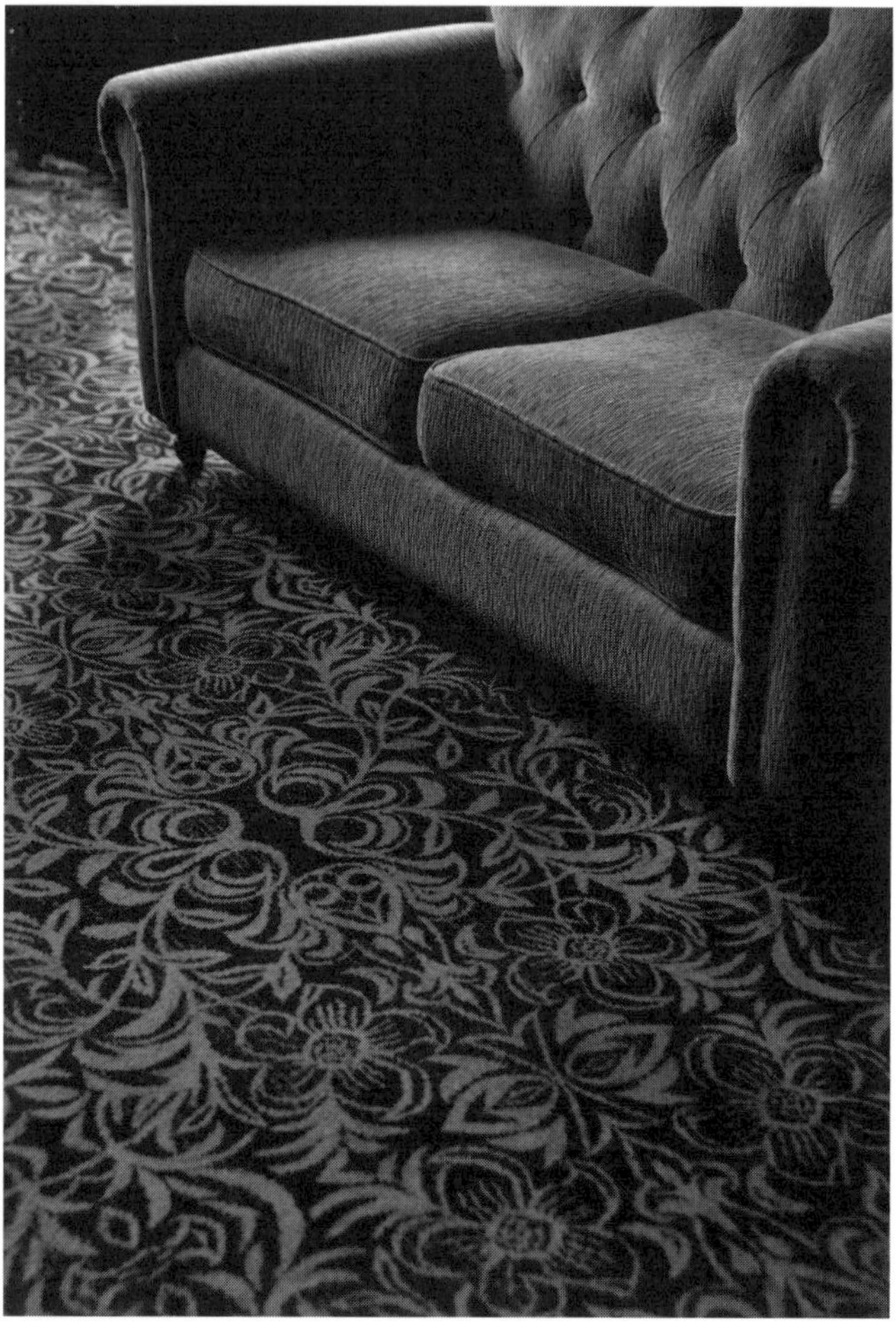

3・11の対応

長くここで働いてますけど、あんなことは初めてでしたねえ。まず、お客様に全員、外へ出ていただいて駐車場へ避難していただきました。驚いて動けなくなった方もいらしたので、車椅子に乗っていただいたりしましてね。お一人お一人に懐中電灯を配って、まだ寒い時期だったもんですから毛布と「貼るカイロ」もお渡しして。

従業員は常時300人はいますし、訓練は定期的にしてますから、動きは速いです。当ホテルの原会長も、ヘルメットをかぶって館内中を見回りしてました。

従業員も全員、外に出たんですけど、各部署の責任者はヘルメットを着用してロビーに集まり、なにか起きたらすぐ対処できるよう待機してました。

あの日は交通機関も止まっちゃって、帰れないお客さんがこのあたりに溢れたんです。地震は昼間でしたが、夜になっても電車は止まったまま。タクシーも拾えない。じゃあ、ホテルに泊まろうと、誰しも考えますよね。だけど電話が通じない。行ってみないと空いてる部屋があるかどうかわからないんです。

ホテル同士も連絡とれない。うちがすでに満杯だからよそのホテルを紹介、ということもできないんです。

そうするうちにも続々と人が入ってくる。2階のロビーに椅子を並べて、そこで朝まで休んでいただきました。誰しも状況が知りたいでしょうから、テレビを置き、飲み物、サンドイッチ、ケーキ、歯ブラシなどのアメニティセットも、自由にとっていただけるようにして。すべて無料です。皆さん、とても喜んでくださいました。

従業員も当然、帰宅できませんから全員泊まり込みで、なにか不自由なことはないか、まめに館内を見て回ってましたね。

お客様が不安な時だからと、ことさら笑顔で接してましたけどね、やっぱり怖かったですよ。だって、わたし達も家族と連絡がとれなかったんですから。


（宴会サービス・Mさん　在職40年）

＊

ミスター・シェイクハンドが迎えたマッカーサー

――昭和一三年でしたね、私が初めてニューグランドへ行ったのは。

昭和七年生まれですから、六歳の時。小学校へ入ったばかりですね。その年、祖父の野村洋三が二代目会長に就任したんです。

それで私も初めてホテルへ連れて行かれたわけですが、「きちんとしてないと二度と連れて来ないから」と、さんざん因果《いんが》を含められましてね。レストランで食事をしたはずなんですが、緊張してるからなにを食べたのか、まったく覚えてないんですよ。以来、誕生日や、機会があるごとに連れて行かれるのはいいんですが、そのたびにマナーをうるさく言われまして、「走っちゃいけない」「スープは音をたてるな」「ナイフとフォークはこう使って」。楽しいとかおいしいより、ただもう緊張感だけでしたね、子供には。

まあおかげで、いつのまにかマナーを身につけることができたわけですが。

あの当時はまだ、外国からの客は船でした。横浜港に降りて、目的地が東京なら横浜駅へ。横浜ならこのホテルへ直行です。港にはニューグランドの人力車も待機していました。

私が小学生になった頃は、すでに日中戦争が始まってました。でもまだ物資は足りてたし、お客さんはアメリカ人やイギリス人が多かったですね。

それが昭和一五年（１９４０）あたりになると、顔ぶれが変わってきた。アメリカ人、イギリス人はどんどん国に帰って、代わりに多くなったのがドイツ人、イタリア人。日本と三国同盟を結んだ国の人達ですね。

そして昭和一六年、私が小学三年になった時には、学校も完全な軍国教育になっていました。だから学校でいじめにも遭《あ》いましたよ。

担任はいい先生だったんですが、なにを思ったのか、ある日、クラスの子達に父親の職業を一人ずつ言わせたんです。

「父は陸軍の部隊長です」なんていう子がいると、拍手喝采《かっさい》です。私の番が来たので、口ごもりながら「ホテルです」と答えました。

そしたら「なにい、ホテルだとぉ?」と先生が言って、もうみんなで「ホテル!ホテル!」と囃《はや》し立てるんです。ある講演会でその話をしたら、終わってから同年代の方が近づいてこられて、「私の父はビルブローカー(証券売買)でした。あなたのその時のお気持ち、よくわかります」とおっしゃいました。父親が横文字職業だというだけで、いじめられたんですよ。

横浜は横文字職業が多かった。でも無理矢理、日本語に変えさせられました。もちろんニューグランドという屋号を変えろと命令されたんです。でもどういう日本語に置き換えたらいいのかわからない。ああでもない、こうでもない、と言い合ってるうちに終戦を迎えたので、結局、ニューグランドのままでしたけどね。

空襲の時は三之谷(本牧)の自宅におりました。家族の命こそ助かりましたが、家は全焼です。

ちょうどその前日、もののない時代なのに、祖母がバター四分の一ポンドとクッキーが手に入ったと持ってきたんです。ろくに食べる物もない頃でしたから、私はすぐに食べたいと言ったんです。そしたら、夜だから明日ね、なんて言われて、結局、焼けちゃった。

それからは、好きなものを真っ先に食べるようになりました。

空襲の後、栃木の今市というところに疎開し、昭和二一年（1946）の一月に横浜へ戻りました。街はほとんど焼け野原のままで、進駐軍の大きなトラックが走り回ってて、びっくりしました。

でもニューグランドはあったんです。幾つかの主だった建物を、米軍はわざと残したという話もありますね。ただ、空襲でホテルのすぐ裏手に火がせまり、ちょうどその時、ホテルに接収で宿泊していた東芝の若い工員達が必死で消火活動をしたといいますから、あの時、なくなってた可能性もあるんですよ。

敗戦直後、ホテルには中華街の人達が入り込んでいました。あそこも全焼ですから、みんな雨露をしのぐ場もない。焼け残ったビルに潜り込むしかなかったんですね。

でもすぐ横浜は接収地になり、ニューグランドは米軍高級将校と婦人部隊の宿舎兼娯楽施設に指定されました。連合軍総司令官のマッカーサーを迎えたのは1945年（昭和二〇）八月三〇日です。

厚木飛行場に、あの有名なコーンパイプを咥《くわ》えて降り立ったマッカーサーは、車でまっすぐこのホテルへと向かったのです。

マッカーサーにとって日本は初めてではなかったんですよ。ウエストポイントの陸軍士官学校を首席で卒業した1903年（明治三六）を皮切りに、五回も来ているそうです。1937年（昭和一二）に来日した時は、ジーン夫人と一緒にニューグランドに泊まっています。


ニューグランドのトップとしてマッカーサーを迎えたのは野村洋三でした。洋三は毎朝、食堂へ顔を出し、朝食を召し上がっているお客様全員に挨拶して握手を求めるんです。「ミスター・シェイクハンド」として、海外にも名前が通っていました。

洋三は若いうちから海外へよく行ってますから、言葉も不自由ないし、外国人にも慣れてます。豪放磊落《ごうほうらいらく》で、あたたかい人柄でしたから、マッカーサーに対しても、おもねるでなく、敵愾心《てきがい》を持つでなく、ホテルの大事なお客様として迎えました。

ただ、その時、日本人は食うや食わずの状況でした。食料がないんです。マッカーサーに対する精一杯のもてなしが、スケソウダラの干物をムニエル風にしたものと、キュウリを切って酢をかけたもの。ホテルにそれしかなかったんですね。

マッカーサーは一口食べただけで、やめてしまったそうです。

でも洋三からの話で、悲惨な食料事情を理解したらしく、その後すぐ、アメリカから横浜に大量の救援物資が届けられたのです。

野村洋三と妻のみちは、ホテルの2階に居住していました。とはいえ接収中は、ニューグランドも実質的には米軍のものです。私も、会長の孫といっても自由に出入りすることなんかできません。

玄関には拳銃を持ったMPが立ってましたから、用事がある時は、裏口にいる日本人の守衛さんに言って、祖母を呼んでもらいました。

祖母の野村みちも英語は得意でしたよ。洋三より発音がきれいだったし、ボキャブ

ラリーも豊富でした。決して出しゃばる人ではありませんでしたが、いつも毅然《きぜん》とした態度を崩さない、肝の据わった明治女でした。

接収は昭和二七年（1952）に解除されましたが、そのあと、ホテルを元通り、きれいにするのがたいへんだったんですよ。なにしろ、米軍は住んでただけじゃなくて、連日、パーティーだ映画上映だと、娯楽にも使ってたでしょ。勝手に壁をグリーンに塗っちゃったりとか、好き勝手に使ってましたからね。

開業当時からのレジスターブック（宿泊名簿）なんかも、その時、なくなったらしいのです。チャップリンやベーブ・ルースを始めとして、ほんとうにいろんな方が泊まられたのに、サイン一つ残ってないのが残念です。

ニューグランドに限らず、関東大震災と空襲、そして接収で、横浜は貴重な歴史の証拠を数多く失ってしまったのですね。

マッカーサーは三日間、ニューグランドの315号室に滞在しました。現在、その部屋はマッカーサーズ・スィートと名付けられています。もちろんリニューアルされてますが、マッカーサーが使った机と椅子は、そのまま置いてあります。ロビーに

この椅子と机で、マッカーサーは執務にあたった。

ある家具と同様、これも貴重な横浜家具です。

お泊まりの際は、その椅子に腰掛けてみてください。そして、無残な焼け跡となった横浜、そこからけんめいに復興していった歴史に、思いを馳《は》せてください。

戦争に敗《ま》けたからといって、その歴史を忘れてしまおうというのは間違ってると、私は思います。どっちがいいの悪いのとこだわるのではなく、とにかく知ることが大事です。

またここは、関東大震災からの復興のシンボルとして、市民の税金を投入するかたちで建てられたホテルですからね。私たちには街の歴史を伝えていく義務もあると思っています。


当初は外国人がほとんどだったこのホテルも、日本人のお客様がどんどん増えていきました。時代につれて、ホテルの雰囲気も変わっていきましたね。バーへいらっしゃるお客様の年齢が若くなったし、女性も一人でみえるようになった。

それに、横浜のちゃんとしたホテルといえば昔はここだけでしたが、いまはたくさんあります。

インターネットで価格を見比べて、それで選ぶという時代です。過当競争で消えていくホテルも少なくありません。

ありがたいことに、このホテルには四代目のお客様がいらしてくださってます。両親が、祖父母が、ここで結婚式を挙げたと、自慢していただくことができるんです。

その年月で培《つちか》われたホスピタリティーは、ニューグランドならではのものだと自負しています。

（野村弘光氏・談）

明治の世界一周旅行――野村みち

明治四一年（1908）、朝日新聞社が日本初の世界一周団体旅行を開催しました。横浜港を出発し、ハワイ、アメリカ、イギリス、フランス、イタリア、ドイツ、ロシア、中国東北部と、北半球を約100日間かけて周るという大規模な旅です。

それまで政治家や実業家、芸能一座などが団体で海外渡航をしたことはありましたが、一般人による団体旅行、それも観光旅行は、これが初めてでした。

総勢五六人のうち、女性は三人いました。その一人が野村みち。ニューグランドの二代目会長、野村洋三の妻です。

みちが書き残した旅行記で、わたし達は100年余りも前の海外旅行を追体験することができます。この時代、女性で海外旅行記を上梓したのも、日本では彼女が初めてでしょう。

開国、そして明治維新で日本は大きく変わりました。身分制度はなくなり、ちょんまげも消え、男性の服装はたちまち着物から洋服になりました。その方が動きやすいということもあったのでしょう。

しかし女性の服装や髪型は、明治の末になっても、ほとんどが着物に日本髪です。西洋化への反動で国粋主義が台頭してくると、女性には以前にも増して、個性ではなく良妻賢母であることだけが求められました。男性中心社会へと時代の価値観は逆行していったのです。

もっとも女性の権利ということでいえば、婦人参政権はこの頃、欧米でも認められていませんでした。また、日本の国際化という点でいえば、日清、日露の戦争には勝利したものの、オリンピックにはまだ参加していません。

みちは明治八年（1875）、箱根の老舗旅館「紀伊国屋」の次女として生まれました。

父はこの旅館の八代目。母は京都の生まれで、「紀伊国屋」に嫁《とつ》がなければ御所勤めをすることになっていたそうです。

みちが六歳の時、父が亡くなったため、母は女手ひとつで旅館をきりもりし、みちを含めた三人の子供達を育て上げました。当時の娘としてどこへ嫁に出しても恥ずかしくないよう、みちも家事一切と行儀作法を、この母から厳しく仕込まれました。

しかし、みちの母は単なる賢婦、賢母だったわけではないようです。女も広い視野を持ち、積極的に世界へ出て行くべき、という非常に進歩的な考えの持ち主でした。

彼女は親戚中の反対を押し切り、みちを東京の東洋英和女学校へ進ませました。英語教育を受けさせたかったからです。

二二歳の年、みちは野村洋三という横浜の青年実業家と見合いし、結婚します。洋三は美術貿易商として、「サムライ商会」という会社を営んでいました。

見合いとはいえ、二人の相性は抜群だったようです。外国との取引が多かったので、洋三はたえず海外へ出ていました。みちはその留守を守ったわけですが、夫に代わって会社を取り仕切ることができたのは、英語を身につけていたおかげでしょう。

女の身で商売を切り盛りしていた母からも、多くのことを学んでいたに違いありません。

みちは海外へ美術品の買い付けにも出かけましたが、一方で女らしい気遣いのもと、会社の従業員を、その家族も含めて細やかに面倒みることも怠りませんでした。

日本初の世界一周団体旅行が敢行された時、みちはすでに三児の母。けれども夫の洋三は、妻を快くその旅に送り出しています。自分の妻であり子供達の母親ではありますが、一人の人間として、みちの持つ才能と感性を、誰よりも理解していたのでしょう。


横浜の名士夫人が海を渡って来る――それは海外でも大きな話題になりました。みちには各国の大使館や商社などからパーティーや会食の招待状が殺到します。豪華な旅が約束されていたわけですが、彼女は浮かれるどころか、逆に身を引き締めました。

東洋の小さなお伽《とぎ》の国。この頃、日本は世界の中でまだそういう存在でした。どこへ行っても「あれが日本人だ」と珍しがられるでしょう。自分達の印象が、そのまま日本人像になりかねません。責任感の強いみちは、常にそれを意識していました。ことに女性は、珍しさもてつだって注目の的になるはずです。

いまも昔も、女性の喜びであり、悩みの種にもなるのがファッション。なにを着ていくべきか――。みちは真剣に考えました。

着物だと目立ちすぎるかも。行く先の国に合わせた洋服を、あつらえるべきだろうか……。

試行錯誤の末、彼女は全行程を着物で通すことに決めます。日本人女性の体型や動作は、まだ洋服に対応できない。ならば自信の持てる和服で通すべきだ、と判断したのです。

鹿鳴館《ろくめいかん》のことが頭をよぎったかもしれません。明治の半ば頃、政府は外国の賓客を迎えるため、鹿鳴館という洋風の社交場を建設しました。そこで料理から服装まで、西洋を真似た舞踏会を催しました。

西洋文明に追いつくにはまずかたちから……と考えたのかもしれません。が、慣れない燕尾服やドレス姿で、ぎごちなくナイフやフォークを使う日本人の姿は、外国人の笑いものになっただけでした。

みちの選択は大正解だったと言えます。日本女性の美をもっとも引き立てる和装は、彼女の優雅な立ち居振る舞いとともに、いたるところで絶賛されました。

ときあたかも、浮世絵をはじめとする日本の美術が、ヨーロッパ芸術に多大な影響を及ぼしたアール・ヌーヴォー期。着物という最高の美術品で、みちは日本文化の粋《すい》をはからずもアピールしたのです。

最初のうちこそ船酔いで苦しんだものの、外国へ一歩足を踏み入れるやいなや、みちの旺盛な好奇心は疲れを吹き飛ばしました。

アメリカ家庭の便利で清潔なキッチンを見れば、日陰もの扱いである日本の台所も、主婦が堂々と客に見せられるものにしなければと頷き、商店のウィンドウ・ディスプレイが素晴らしいのはディスプレイ専門のデザイナーがいるからと聞き、さっそく

「サムライ商会」にもそのシステムを取り入れねばと考えます。

日本では女性の結髪は女髪結の仕事。けれどもパリには美容院というものがあり、男性美容師達が活躍していました。しかも日本の女髪結いが低い地位に甘んじているのと異なり、彼らはショーウィンドウのある瀟洒《しょうしゃ》な店を構えています。道具も各種揃え、清潔に陳列し、プロに徹した心意気を見せています。

この時代、夫以外の男性に髪を触られるなど、良家の夫人としては違和感を持っても不思議ではありません。しかし、みちは逆に共感しました。男だろうと女だろうと、職業選択は自由。必要なのはプロとしての誇りです。いまにそういう時代が来ることを、彼女はこの時、予感したのです。


異国文化の良い面を素直に称賛する一方で、みちが日本人としての誇りを忘れることはありませんでした。どこへ行っても誰に会っても、卑屈になったり媚《こ》びたりすることなく自然に振る舞っています。けれども、同行の日本人たちの振る舞いに、内心で溜息をつくことも少なくはありませんでした。

外国人に対する自信のなさから多すぎるチップを渡し、かえって軽く見られたり、晩餐会でスピーチが始まっているのに勝手なお喋りをしたり……。

100年以上たったいまでも、そういう日本人がけっこういるんですよ、と言ったら、みちはどんな顔をするでしょう。

みちはまた、ロンドンで観た「ミカド」という芝居や、ベルリンでドイツ人が日本風俗を綴《つづ》った歌などで、なぜか日本というと「ゲイシャ」ばかり有名であることに困惑します。

旅が進むうちに、みちはそのわけに思い至りました。日本では政府や会社が外国人を接待する際、料亭などに宴席を設けます。宴席には、必ず芸者をはべらせます。だから「ゲイシャ」という言葉が、外国人に強く印象づけられるのだと。

欧米のパーティーは夫婦同伴が基本ですから、女性も自然と社交術を身につけます。けれども日本の女性にはそういう機会がありません。これでは日本女性がますます世間知らずになるばかりだと、みちは憂います。

さらに、欧米のレディファーストをはき違えてはいけない、と、みちは言います。女性だからやさしくするのではない。男性より力が弱いから保護する。道路の歩行者優先も同じ事。すべては弱者保護の精神であり、見習わなければならないことなのだと。

こういう言葉は、いまも昔も男性にはうるさく聞こえるでしょう。そんなことは先刻承知の彼女は、面と向かって男性を責めたりはしません。女性みずから変わっていこう、社会を変えていこうと、同性に向けて穏やかに提案しています。読むにつけ、明治の女性は真に強くて賢いと、わたしは感心せざるをえません。

みちはこの旅で、ホテルにもなみなみならぬ関心を示しています。行く先々のホテルで、厨房の仕組みがどうなっているかを見学したようです。

サンフランシスコの最高級ホテルでは、畳の日本間があることを知って驚きます。増えつつある日本人客に対する配慮でした。

イギリスのホテルでは、なにかを頼むたびに、ボーイが「ありがとうございます」と客に対して礼を言うのに感動し、ホテルのホスピタリティーとはこういうことではないかと心に刻んでいます。

でもこの時はまだ、ホテルニューグランドは横浜に影も形もありません。みちも、自分が将来、ホテルというものにかかわるとは想像だにしていなかったでしょう。


この旅から一五年後の大正一二年（1923）、横浜は大震災に見舞われました。家屋が倒壊したばかりか、たちまち火の手が上がり、本町通にあったサムライ商会も無残に焼け落ちました。同業者からの預かり品も含めた三万点以上もの美術品も焼失し、洋三とみちは莫大な弁済金を負う身となります。

この時、横浜にあった外国商館も、多くが神戸に移ってしまいました。それでも生き延びたことに感謝し、洋三とみちは事業を再建します。

大震災から5年後の昭和二年（1927）、横浜復興のシンボルとして、ホテルニューグランドが竣工。昭和一三年（1938）、洋三は二代目の会長に就任します。世界一周旅行で磨きをかけた国際感覚を存分に活かす場を、みちも得たのです。

しかし、安閑《あんかん》としてはいられません。この時、日本は日中戦争に突入したばかり。世情は暗くなる一方でした。日中戦争が太平洋戦争へと拡大した年、九歳だった野村弘光は、祖母のみちがこんなことを言うのを聞いています。

「大きな声では言えませんが、アメリカのような国土の広い、資源豊富な国を相手にしても勝てるわけがありませんよ」

日本はどこより強いと学校で教えられていた弘光少年は、なんということを言うのかと驚きます。

けれども、みちの予感はあたり、日本はほどなく敗戦国となりました。そしてニューグランドは連合国軍最高司令官、ダグラス・マッカーサーを迎えることになるのです。

洋三が、お辞儀ではなく握手でマッカーサーを迎えたように、みちもその性格からして、毅然《きぜん》とした態度を崩さなかったことでしょう。接収中、高級将校の宿舎となったホテルに、二人はあえて住み込みました。

この時、みちは七〇歳。「若ければウェイトレスでもなんでもして、司令部のすべてを見聞きしたかった」と、あるエッセイに書き残しています。

昭和二九年（1954）、夫妻は揃って横浜文化賞を受賞しました。さらに翌年、またもや夫妻揃って神奈川文化賞を受賞しています。夫妻の民間外交官としての活躍は、誰もが認めるところでした。

他国に学び、良いと思うところは積極的に取り入れるが、日本人としての矜持《きょうじ》と文化は決しておろそかにしない……みちの精神は、横浜にしっかり根付いているのではないでしょうか。

参考　野村みち著「ある明治女性の世界一周日記――日本初の海外団体旅行」神奈川新聞社

犬を連れたロシア婦人

ニューグランドにいる古参スタッフの口から、ノートに挟んだ押し花がこぼれるかのように、ときおりはらりとこぼれ出る名前がありました。

「長期滞在のお客様ですか？　そうですね。家を建て替えるためにしばらく住んでらした方なんかは何人かおられましたね。でもうんと長い滞在となると、ベッセルさんくらいかなあ」

「部屋で犬を飼ってた方がいたんですよ。ベッセルさんというロシア人のおばあさんでした」

「ベッセルさんはねえ、30年くらい住んでたと思いますよ。ここに」

「生まれ育ち？　わかりません。大学でロシア語の先生をしてたことくらいで……。

長期滞在者とはいえ、ホテルは個人的なことをあまり詮索《せんさく》しませんからね。それにベッセルさんは気位《きぐらい》が高くて、日本語を一切、話さなかったんですよ」

犬を飼ってた？　ロシア人の老女？

わたしはロシアの文豪、チェーホフの「犬をつれた奥さん」を反射的に思い浮かべました。「小犬を連れた貴婦人」「黒い瞳」などの題名で映画化もされた短編小説です。

あの物語のヒロインは秘密の恋に身を焼いていました。たった独りで東洋の小さな国へ渡り、横浜の名門ホテルに30年余りも住み着いていた老婦人には、いったいどんなドラマがあったのでしょう。

知りたくてたまらなくなったわたしは、友人のロシア通に尋ねてみました。もうずいぶん昔の話ですが、ニューグランドに長期滞在していたベッセルさんという老婦人のことを、どこかで耳にしたことはありませんか、と。

するとさすがは我が友人、すぐ返事が戻ってきました。

「それはたぶん、ベッセロさんのことでしょう」

ニューグランドではベッセルさんでしたが、別の所では、ベッセロさんだったようです。

本名はリジア・パヴロブナ・ヴェセロヴゾーロヴァ。日本人にとってはあまりにもややこしい名前なので、省略せざるをえなかったのでしょう。

彼女に接したことのある人は、口を揃えて「気位の高い人だった」と言います。もしやロシア亡命貴族だったのでは、とわたしは想像しました。

ロシアに社会主義革命が起きたのは1917年（大正六）。労働者階級を中心とする革命によって皇帝ニコライ二世一家が処刑され、300年以上もの長きにわたってロシアを統治したロマノフ王朝は滅びました。

この時、いわゆる白系ロシア人達が続々と国外へ逃れ、亡命者となりました。彼らは貴族や地主、資本家、軍人など、革命政権と対立する層の人々で、共産党の「赤」に対して白系と呼ばれました。

日本にもたくさんの白系ロシア人が来ています。関東大震災が起きるまで、在日ロシア人の半数以上が横浜に在住していました。震災以降、中心は東京と神戸に移りましたが、1940年（昭和一五）には日本在住亡命露人協会がホテルニューグランドでチャリティー舞踏会を開催しています。

この時はロシア人の他にフランス人、ドイツ人、イギリス人など、250人もの在日外国人が参加したそうです。

日本に住みついたロシア人の中には音楽家のエマヌエル・メッテル、バレエ・ダンサーのエリアナ・パヴロワなど、日本のアーティストに大きな影響を与えた人達もいました。

世界的な指揮者、小澤征爾さんの妻、ヴェラさんは、かつて入江美樹という名で大活躍したファッション・モデルですが、父親は亡命ロシア人夫婦の息子。横浜の山手に住み、日本人女性と結婚し、ヴェラさんが生まれました。

日本にいるロシア人にはそうした歴史のある人も少なくないので、ベッセロさんことリジアもその一人ではないかとわたしは思ったのです。

ほどなく、友人が興味深いレポートを手に入れてくれました。

「ハルビン・ウラジオストクを語る会」発行の冊子に小山内道子さんという方が、晩年のリジアから丹念な聞き取りをして、まとめられた「リジア・ヴェセロヴゾーロヴァの数奇なる人生――百年余を生きた孤高なるロシア貴族の末裔――」（「cebep 25」2009年2月）がそれです。

リジアは1896年、日本でいえば明治二九年にペテルブルグで生まれました。一家は貴族階級に属し、父はギムナジア（貴族の子弟専用の学校）の教師。フランス人の家庭教師のほか、小間使いやコックまでいるという恵まれた家庭でした。

しかしリジアが一〇歳の頃、「血の日曜日」と呼ばれる凄惨《せいさん》な事件が起きました。古い帝政社会に耐えかねて請願デモを決行した民衆に、軍隊が発砲し、多数の死者が出たのです。ロシアの革命運動が激化するきっかけになった出来事でした。

上流階級だったリジアの一家は身の危険を覚え、ウラジオストックへ引っ越します。前ほど立派な屋敷ではないものの、中国人の使用人が数人いたといいますから、やはり上流の暮らしだったのでしょう。

ここで青春を迎えたリジアは、マトヴェイ・スハルコフという青年と恋におち、結婚します。スハルコフ家はリジアの家よりさらに裕福な貴族。リジアより一三歳年上のマトヴェイは、素晴らしいハンサムでした。

二人は結婚し、ハルビンに住みます。マトヴェイの専門は法律。勤務先は中東鉄道でした。二人の住まいは六つも部屋のある広い官舎。五人の使用人がいました。家事などする必要のないリジアは、亡命ロシア人家族の子供に勉強を教えたりしていたようです。

幸せな結婚生活でしたが、そうするうちにも革命は進行していました。皇帝ニコライ二世はついに革命派の手に落ち、妻や子供たちとともに銃殺されます。リジアの故国であったロシア帝国は倒され、ソヴィエト社会主義共和国連邦が誕生したのです。ウラジオストックにいた両親はどうなったのか。リジアにきょうだいはいたのでしょうか。

小山内さんのレポートによると、この質問に対して、リジアは短く、「両親は亡くなった。妹がいたけど、それも死んだ」と答えるだけで、詳しくは語りたがらなかったそうです。

もしかするとスターリンの粛清にあったのかもしれないと、小山内さんは想像します。リジアにとっては、思いだすのも辛い出来事だったのかもしれないと。

ともあれ、リジアは故国も親きょうだいも失いました。それに追い打ちをかけるかのように、愛する夫のマトヴェイが落馬事故で急逝《きゅうせい》。7年間の結婚生活が突然終わりを遂げました。二七歳のリジアは天涯孤独の身となったのです。

6年後、リジアは、すでに年金生活をしているような高齢の男性と再婚しました。彼はソ連国籍を持つロシア人でした。当時、亡命者や白系ロシア人が捕まって裁判にかけられることが多かったので、リジアもこの結婚でソ連国籍を手に入れたかったようです。

「たいした家柄じゃなかった。地方の司祭の家の出なの」

再婚相手のことを、リジアはそう語っています。夫婦はハルビンから大連に移って暮らしました。

生きるための手段だったとはいえ、結婚生活は、夫が亡くなるまで16年間、平穏に続きました。そして太平洋戦争が終結を迎えた1945年、夫の死によって、リジアはまたもや未亡人となります。

彼女は五〇歳になっていました。子供に関する記述がないところをみると、どちらの結婚においても子供には恵まれなかったのかもしれません。

フランス語も英語もできてタイプライターが打てるリジアは、未亡人になっても通訳などの働き口がありました。が、そのうち中国とソ連の関係が悪化すると、ロシア人達は次々と中国から逃げ出したり、また追い出されたりし始めました。

1958年（昭和三三）、リジアもついにアメリカへ移住する決意をします。最初の夫、マトヴェイが、「リジアはアメリカへ行って農業を学んでくるといいね。アメリカは農業先進国だから。きっとロシアの役に立つ」と言っていたそうですから、それが頭にあったのかもしれません。

とはいえ、ストレートにアメリカへ渡れるわけではありませんでした。まずは日本入国のビザを取得し、日本でアメリカ行きのビザを取ります。リジアは大連―天津―

香港というルートを経て、横浜に上陸しました。そしてホテルニューグランドにチェックインしたのです。

「当時の情勢がそうだったんでしょうね。日本経由でアメリカへ、という外国人がけっこういました」

そう教えてくださったのは、ニューグランドの取締役、野村弘光さんです。

リジアが渡日した時、ニューグランドの会長は弘光さんの祖父、野村洋三。そしてちょうどこの年からあらたに設置された「社長」に、洋三の息子、すなわち弘光さんの父である野村光正が就任していました。

その年、東京タワーが竣工《しゅんこう》しました。さらに、皇太子と正田美智子さんの婚約が発表されました。未来の皇后が民間女性から選ばれたのは初めてのことです。

「ALWAYS　三丁目の夕日」という映画の舞台になった頃ですね。

高々とそびえるタワー、皇太子の美しい婚約者に国民は熱狂し、日本はついに敗戦から立ち直った、新しい時代が始まるのだと、みんな胸躍らせたものです。横浜はこの年、開港100年。唯一の外国人向け本格ホテルであるニューグランドは、さまざまな国の人で賑わっていました。

とはいえ、外国人なら誰でも泊まることができたわけではありません。身元のしっかりした、いわば選ばれた階級の外国人達だけが出入りを許されていました。そしてホテルのなかには、まだこの頃、一般の日本人には縁のなかったハイソサエティーがあったのです。

リジアはこの瀟洒《しょうしゃ》で居心地の良いホテルにすっかり魅せられました。毎日のように新しい人と知り合い、東洋の小さな国とは思えないほど完成度の高いフランス料理を味わい、パーティーに興じる……もはや六〇代も半ば近い歳になっていましたが、年齢など忘れてしまうほど素晴らしい毎日だったようです。

脳裏を、このままアメリカ行きのビザが下りなければいいのに……という考えがよぎったかもしれません。

そこへ朗報がもたらされました。イエズス会を通じて、上智大学からロシア語の講師になってくれないかという依頼。

リジアは二つ返事で受けました。けれどもこの素晴らしいホテルからは離れたくないので、横浜から東京へ通うことにしました。

長期滞在はむろん、お金がかかります。でも大連から持ってきたお金と大学講師の給料で充分まかなうことができました。言い換えれば、ある程度、お金を持った外国人にとって、日本は物価の安い、暮らしやすい国だったということでしょう。

ところで、リジアがニューグランドを住まいにするにあたって、ひとつ大きな問題がありました。彼女が犬を飼っていたことです。

「犬種はわからないのですが、室内で飼う、いわゆる小型犬でした。これは私のたった一人の家族だからと、頑《がん》として離そうとしなかったらしく、祖父も父も困ったようです」

と野村弘光さん。それでも結局、拒否しきれなかったのは、リジアがほんとうに天涯孤独だとわかっていたから。さらには、あの頃の横浜にあった、エリート外国人社会という背景の力も影響していたかもしれません。

それから30年余りも、リジアはニューグランドで暮らしました。長い間には、犬の鳴き声が隣室に響いたり、ドアを開けた拍子に犬が廊下へ飛び出したりして、他の客から苦情がきたこともあったようです。

「彼女も気を遣《つか》ってたらしくて、散歩に連れて出る時は、服の胸に包み込んでね、ホテルを出るまで見えないようにしてましたね」

大学紛争があった頃には、ホテルに学生を三、四人連れてきて、ロビーで授業をしていたこともあったそうです。

「毎日、ホテルのレストランやルームサービスだと、お金がかかってたいへんらしくて、よくそこの明治屋へ買い物にいらしてました。必ず私が腕をお貸しして、行き帰りをエスコートしたものです」

という話を聞かせてくれたのは、ベテランのドアマン。

「年の初めには、スタッフにと言って、お年玉をくださるんです。額はほんの少しですが、その時の笑顔が愛らしい感じでしたね」

と、語ってくれたスタッフもいました。

月日は残酷なもの。居心地の良いホテルにとうとう別れを告げる日が訪れました。八〇歳になっていたリジアは大学から解雇されたのです。ちょうどニューグランドもタワー館の建設が決まり、本館もリニューアルしようという時でした。

ある神父の手助けで、リジアは東京都町田市にあるアパートに入りました。一〇〇歳になった時には、町田市の幹部がお祝い金を持って訪れ、彼女を大いに喜ばせました。

リジアが波乱の生涯を閉じたのは、21世紀へと時代が変わろうとする2000年(平成一二)。場所は同じ町田市にある老人施設でした。

最後まで周囲の人々に支えられ一〇三歳まで生きたリジア。いまは、こよなく愛した横浜の、外国人墓地に眠っています。

彼女が住んでいたニューグランド本館409号室は、リニューアルでエステティックサロンに変わりました。

大仏次郎の部屋と二人の「おはな」

開業当初から、ニューグランドは多くの文化人に愛されました。その代表はなんといっても大仏次郎《おさらぎじろう》（1897〜1978）でしょう。史伝文学の大作「天皇の世紀」から、大衆を熱狂させた「鞍馬天狗」、さらには童話まで、幅広いジャンルで活躍した大作家。横浜に生まれ、横浜を舞台にした小説やエッセイも数多く残しています。

鎌倉に居を構えていたのですが、ものを書くにはどうも横浜でないと気が乗らないと言い、昭和六年から十年間にわたり、ニューグランドの一室を仕事部屋にしていました。

本館の318号室。マッカーサーズ・スィートの並びにある部屋です。リニューアルされてすっきりしたツインルームになっていますが、その頃は、山のように資料が積まれていたのでしょう。

「霧笛を生んだ波止場情緒」という随筆には、気の利くボーイがいて、318号室へ入るとすぐ仕事に取りかかれるよう、きちんと参考書籍をそろえておいてくれたと記されています。

夕方、仕事を終えると、大仏は、当時本館一階にあったバー「シーガーディアン」へ降りていくのが習いでした。カウンターの一番奥が定位置です。止まり木に片足をかけ、立ったまま、ピコンソーダやビスキーのブランデーを静かにたしなんでいたそうです。

当時、このバーに来るのは外国人がほとんど。日本人は限られた常連だけでした。おそらく、ある程度の年齢と地位に達した男性ばかりだったのではないかと、わたしは想像します。「シーガーディアン」には、静かな、大人の男の時間が流れていたことでしょう。

疲れがほぐれると、宵闇《よいやみ》の降りた海岸通りへ。人力車がずらりと並んだ波止場を背にして、彼は中華街へと足を向けます。横浜の人はそこを南京町と呼んでいました。


大仏次郎がシーガーディアンで使っていたサイコロとカップ。

当時はまだ、いまのような料理店街ではありません。華僑《かきょう》が住み、仕事をする、まさに生活の場でした。

乾物屋、洋裁店、居酒屋、肉屋、八百屋などが雑多にひしめきあい、皮を剥《は》がれたばかりの豚肉がぶらさがる下を、鶏が走り回っていました。八角や香菜の強い香が漂う中、傾いた小さなテーブルで食事をしながら、大仏の思いは、さらに混沌《こんとん》としていたであろう開港期の南京町へと飛びます。

名作「霧笛」の背景になった明治の初期、ここは外国人居留地の内でした。海岸通りには立派な商館が並んでいましたが、南京町からニューグランドの裏手に至る一帯には、外国人下級船員向けの安ホテルが幾つもあり、荒っぽい船員達がたむろしていました。

長い船旅の憂《う》さを晴らすかのように、酒、賭博、喧嘩に興じる男達。ピストルの音が響こうと、人間がある日、忽然《こつぜん》と消えてしまおうと、誰も気にしない一画。人はそこをブラッディタウン（血の町）と呼びました。

「霧笛」は、まさにこのあたりが舞台になっています。胸騒ぎを誘う、あやうい昏《くら》さに満ちた小説です。

ヒロインの名は、お花。クーパーという英国人の囲い者です。お花に惹《ひ》かれていく千代吉は、クーパー邸の使用人。「ボーイ」と呼ばれる下働きの若い男です。居留地の異人屋敷には、日本人や中国人の使用人が必ずいました。

千代吉の中には相反する思いが激しく渦巻いています。金と権力、そして美しい日本の女を手にしたクーパーへの憧憬《しょうけい》、劣等感、憎悪。お花への愛と蔑《さげす》み。幾重にも屈折した感情が、千代吉を、そしてお花を、悲劇へと引きずり込んでいきます。

外国に対しておそるおそる門を開いた日本は、この頃、東洋の小さな途上国に過ぎませんでした。列強と呼ばれた国に対する日本人の複雑な気持ちが、「霧笛」には巧みに描かれています。

「霧笛」を読むにつれ、わたしはもう一人の「おはな」のことを思い浮かべずにはいられません。彼女は「おはなさんの恋――横浜弁天通り１８７５年」（有隣新書）という小説のヒロインです。小説とはいえ、作者のルイ・フランソワ・モーリス・デュバールが体験した実話がもとになっています。

デュバールは１８７４年（明治七）、フランス艦隊の主計大尉として来日し、一年余り滞在しました。当時、29歳。物語の主人公は「語り手」の親友で、22歳のマルセル。二人は弁天通りの骨董品店をひやかしに入り、この店の娘である「はな」と出遭います。「はな」は「花」だったのかもしれませんが、この本の訳者が「はな」と表記しているので、それに倣《なら》っておきましょう。

弁天通りは当時、横浜でいちばん賑やかな通りでした。外国人相手の土産物店や骨董品店が軒をつらね、さまざまな国の人がさまざまな衣装で行き交っていました。西洋人、インド人、中国人、日本人……まさに国際大通りです。

現在の弁天通り

アイカップ・リーガル・サービス
行政書士 遠藤欣哉事務所
法人設立／風俗営業許可
建設業許可／帰化申請…等
有限会社
久岡マリントランスポート
HISAOKA MARINE TRANSPORT, INC.
2F
鳳和産業
株式会社 2F
英語教室

おはなは外国人客の多い骨董品店の愛娘。育ちの良さも手伝って、相手が誰であろうと物怖じしません。

愛らしい笑顔で、快活に、ときにはにかみながら対応するおはなに、マルセルはたちまち恋をします。おはなも、この美しい青年に心を奪われました。

マルセルは毎日のように店へ通い、おはなはといえば、いっしょうけんめい、彼からフランス語を教わります。マルセルに「日本髪って、鶏のとさかみたい……」と言われると、翌日には思い切りよく、シンプルで粋な洋風の髪型に変えてしまいます。のみならず、周囲にもその髪型を流行らせます。

若い恋人達を、おはなの家族もマルセルの友人も、あたたかく見守りました。同じ明治初期、同じ横浜で、「霧笛」とはまったく異なる恋が爽やかに展開していたのです。結末はちょっと苦いのですが、機会があればぜひ、この本も読んでみてください。「霧笛」は創作、「おはなさんの恋」は実話をもとにしたものです。けれども、どちらの恋も、どちらの「おはな」も、開港期の横浜らしさに満ちています。

横浜はあの頃から、切ない恋の似合う街でした。

大晦日の心遣い

新年の汽笛を聴きながらニューグランドで年越し……素敵でしょ？　いえ、泊まるのは私じゃないの。私はこのホテルの宴会に、当方でコーディネイトしてる芸人さんを使っていただいたりしてるから、もう長いお付き合いです。

ある時、宴会担当の方から相談されたんです。

「ホテルで年越しをしてくださるお客様に、なにかこう、ほんとにくつろいだ大晦日を過ごすんだ、という気分になっていだけるようなサービスをしたいんだよね。どうしたらいいと思う？」

そこで考えたのが、ハンドマッサージと似顔絵。

ホテルで年越しするにしても、暮れの大掃除はすませてくるでしょ？　女性なんかとくにたいへんよね、雑巾がけなんかで手が荒れるから。

で、ホテルにチェックインして、ちょっとロビーでくつろごうかな、という時、短い時間だけど、プロが手をマッサージして差し上げる。香りのいいオイルを使ってね。

「ああ、極楽よねえ」

って、女性はみんな喜んでくださるの。高齢の男性なんかも、

「こんなこと、生まれて初めてしてもらった」

って、顔をほころばせて。

似顔絵も、もちろんプロが描くんですよ。

これはお子さんが大喜び。親子で眺めながら、

「ね、次の年賀状、この似顔絵でいこうよ！」

なんて話してらしたりして。

「毎年、これを楽しみにしてるんですよ。一年の終わりに、こういう時間を持つことができるなんて、しみじみ、ありがたくて」

と、言ってくださる常連さんも。

私も横浜生まれ、横浜育ちで子供の頃からニューグランドは庭みたいなものだったの。だからそう言われると心から、「ようこそ横浜へ。ようこそニューグランドへ」という気持でいっぱいになるんですよね。


（ヨコハマ大道芸プロデューサー　大久保文香さん）

*

日本の命運を賭けたニューグランドの一夜

終戦にまつわるエピソードというと、必ず登場するのが「マッカーサーとニューグランド」です。でも、わたしはＮＨＫのＢＳ歴史館というドキュメンタリー番組のおかげで、ニューグランドが舞台になったもうひとつのスリリングな実話を知りました。

その事件があったのは１９４５年９月２日。横浜港に停泊する戦艦ミズーリ号で、日本が降伏文書に調印した日です。

日本では「耐え難きを耐え、忍び難きを忍び……」という天皇の玉音放送があった8月15日を終戦記念日としていますが、アメリカ、ロシア、イギリス、カナダ、フランスなどでは、この９月２日が、戦争終結の日として認識されているそうです。

この日の朝、穏やかに凪《な》いだ東京湾はおびただしい数の警備船で埋め尽くされていました。空には鳥の群れのように軍用機が飛び交っています。その中心に浮かぶ鋼鉄の巨艦は、アメリカの誇る戦艦ミズーリ号。

この日は、艦を人間が覆い尽くすという異様な光景が出現していました。手すりといわずマストといわず、びっしりと米兵がとりついています。警備しているのではありません。やがて行われる日本の降伏文書調印を見物しようと待ち構えているのです。戦勝国の余裕もあらわな笑顔で。

その視線の中、日本の代表団一一名がタラップを上がり、甲板を歩みました。先頭は燕尾服に身を包み、山高帽をかぶった外務大臣の重光葵《しげみつまもる》です。少し片足を引きずっています。重光に続くのは陸軍、海軍、外務省の代表達。

迎えるマッカーサー元帥の背後には、その昔、ペリーが来日した際、黒船に翻《ひるがえ》っていたという星条旗が掲げられています。あらためて開国せよ、というアピールだったのでしょう。

午前九時、甲板にて調印式が始まりました。先に日本代表の重光葵、次いでアメリカをはじめとする連合国側の代表が降伏文書にサインをします。

途中、カナダ代表がサインの場所を間違え、異変に気づいた終戦連絡中央事務局長官、岡崎勝男が、サザーランド参謀長に抗議する、というハプニングはあったものの、調印式は無事終わりました。

思いがけない事態が発生したのはこの日の午後四時。

終戦連絡委員会の委員だった鈴木九萬《ただかつ》公使は、GHQ（連合国軍最高司令官総司令部）のマーシャル参謀次長からいきなりこう告げられます。

「明日の午前六時、GHQは日本国民に対して三つの布告を出す」

問題はその三布告の中身です。

（一）日本政府の一切の権能を連合国最高司令官（SCAP）の権力下に置き、英語を公用語とする。
（二）SCAP命令への違反者は占領軍裁判官が処刑する権利を持つ。
（三）占領軍の発行するB軍票を通貨として認める。

一読してわかるとおり、これではなにひとつ日本政府に主権はありません。言語から経済まで、今後はすべてアメリカ軍の言うがままということです。告げられた鈴木は、血が引く思いだったことでしょう。

外務省もこの知らせを受けて愕然《がくぜん》としました。翌朝の六時に発表ということは、あと半日しかありません。しかも夜はどんどん更けていき、時間はなくなるばかり。

その時、一人の男が蒼白な顔を上げました。

「私が行って、布告を破棄してもらいます」

岡崎勝男です。調印式の際、サインの不手際をサザーランド参謀長に抗議し、やりなおしをさせた人物です。

ちなみに岡崎は1924年、フランスのパリで開催されたオリンピックに、長距離選手として出場したスポーツマンでもありました。

「行くって、どこへ……」

「ニューグランドです。サザーランド参謀長に会います」

「会ってくれるわけがないだろ。こんな時間に行けば、なんの用事かすぐわかってしまう」

「部屋に忍び込んで、直談判します」

「そんなことをしたら射殺だぞ！」

「他にどんな方法がありますか」

そんな会話が交わされたはずです。


横浜のホテルニューグランドは、8月30日にマッカーサー元帥を迎えて以降、高級将校の宿舎として米軍に接収されていました。

岡崎が到着した時は、もはや深夜。占領下にある横浜は寝静まっています。英語の堪能な岡崎は、二世のふりをしてホテルに入り込みました。サザーランド参謀長の部屋とおぼしきドアをそっと開け、室内に体をすべりこませます。

手探りでベッドに歩み寄り、眠っている男の肩をそっと揺する岡崎……。が、眼を開いたその男は、サザーランドではありませんでした。

飛び起き、怒り、叫ぶ男。

まさに射殺されても仕方のない状況です。しかし岡崎は逃げませんでした。必死で事情を説明します。相手は驚き、怒ったものの、ここに宿泊しているということは高級将校の一人。岡崎が誰であるかわかったのでしょう。ともかく、マーシャル参謀次長を起こし、岡崎と会わせてくれました。

岡崎はマーシャルに、この三布告はポツダム宣言に反すると熱を込めて抗議しました。ポツダム宣言はこの年の7月26日に出されたもので、アメリカ、中華民国、イギリス、ソビエトが共同で日本に無条件降伏を求めたものです。日本はその宣言を8月14日に受け入れました。

この文書には「日本人を民族として奴隷化し、また日本国民を滅亡させようとするものではない。民主主義の復活強化、言論、宗教及び思想の自由、基本的人権の尊重」が、ちゃんとうたわれています。

しかし三布告はアメリカによる統治にほかならないではないか、日本人の主権はどこにあるのか、と岡崎は主張したのです。

岡崎の迫力に圧され、マーシャルは三布告を延期するところまで譲歩しました。岡崎はその足で東京へ向かい、寝ずに待っていた重光外務大臣に報告します。

重光は朝を待って横浜へ出向き、マッカーサーと会談しました。その結果、三布告は撤回され、日本は主権を持った民主主義国家として戦後を歩み始めたのです。

緊迫した9月2日の深夜、岡崎勝男はどんな思いでニューグランドの階段を上り下りしたのでしょう。彼の秘めやかな、しかし日本の命運を背負った重い足音が、青い絨毯の下から聞こえてくるようです。

不思議な形——横浜中華街

チャイナタウンと呼ばれる町は、世界に数多くあります。それを形成してきたのは、海外へ出て、その国で根を張って生きる中国人——華僑《かきょう》と呼ばれる人達です。日本にも大小のチャイナタウンがありますが、代表的なものはなんといっても横浜中華街でしょう。規模といい多彩な店舗展開といい、他に類を見ません。「世界でもっとも商業的に成功したチャイナタウン」として知られています。

ではその横浜中華街は、いつ、どんなふうに出来たのでしょう。なぜ他とは違うチャイナタウンになったのでしょう。そしてなぜ、横浜の中心地でここだけ、跳び箱が転がったような不思議な形をしているのでしょう。開港の頃にさかのぼって、その謎を探ってみましょう。

1859年（安政六）の開港と同時に、横浜には外国人が続々と入って来ました。その中にかなりの数の中国人がいました。当時の中国は満州族の支配する清の時代。広大な領土と資源、さらに高い文化を誇る大国でしたが、爛熟《らんじゅく》の果ての腐敗と欧米列強による侵略、さらには内乱ですっかり弱体化していました。

華僑の歴史は古いのですが、この時期、国の混乱にくわえて、それまでは非合法だった海外移住が合法化されたこともあり、多くの中国人が海外へ渡ったという事情がありました。

開港場横浜において、華僑の存在意義はたいへん大きなものでした。当時、外国語のわかる日本人はごくわずか。同じく日本語のわかる外国人もほとんどいません。それでも交易が許されたからには競争の世界。互いに一刻も早く商売を始めなければ、利を得ることはできません。

そこで活躍したのが華僑です。彼らは早くから欧米と接していますから、欧米の言葉も文化もわかります。一方、日本人との間には、漢字という共通の意思伝達手段がありますす。もともと漢字は中国から日本に渡ったものですし、日本文化の多くは中国にルーツを発しています。

華僑は欧米人と日本人の仲立ちを務めるようになりました。西洋クリーニング、印刷、塗装、料理、洋裁、洋楽器など、いちどきに流れ込んできた西洋文化・文明を、日本人に指導、伝達したのは華僑だったのです。

また、横浜港の二大輸出品となった生糸と茶。その品定め、計量、売買契約を一手に握っていたのも、買弁《コンプラドール》という職名を持つ中国人でした。横浜浮世絵の至るところに登場するのももっともといえるでしょう。

日清修好条規が締結され、日本と清国の正式な国交が始まったのは1871年(明治四)。それまで清国と日本は正式な国交がなかったので、中国人は欧米人の使用人という名目で渡日していたのですが、これ以降、華僑はさらに増えました。

そうなると住居の問題が出て来ます。

外国人居留地の中に、まだ建物など建っていない一画がありました。横浜新田と呼ばれた沼地で、旧横浜村の人達が田んぼを造るために埋立をしたところです。水捌《は》けの悪い場所だったから空いていたのですが、華僑はそこに自分達のコミュニティーを形成しました。

住居を造り、守り神である関帝《かんてい》を祀り、文化拠点となる劇場も建てました。「会芳楼《かいほうろう》」というその劇場は、現在の関帝廟《びょう》通り、山下町公園のあたりにあったと言われています。食事をしながら催し物を観るというレストランシアターでした。まだ娯楽施設などほとんどなかったので、ここは中国人、日本人、欧米人と国籍を問わず貸し出され、インターナショナルな催し物を観ることができたようです。観客ももちろん、インターナショナルでした。

現在、山下町公園には会芳楼を記念して、会芳亭という四阿《あずまや》が建てられています。この一角は南京町と呼ばれ、すっかり横浜に根付きました。それでもいまに到る歴史の中では、日清戦争、日中戦争という哀しい出来事も起きています。自分の暮らす国が故国と戦う……この町の人々は、その時代をどんな思いで生き抜いてきたのか。想像すると胸が痛みます。

日中戦争は太平洋戦争へと進み、やがて東京、横浜は米軍による大空襲に見舞われます。関東大震災の時と同様、南京町も焦土《しょうど》と化しました。その日、食べるものさえ手に入らないという状況の中、戦勝国となった中国人の町であるここには、豊富な物資が流れてきました。南京町に大きな変化が訪れたのも、この時です。

それまでは横浜の南京町も、他国にあるチャイナタウン同様、華僑にとっての生活の場でした。そこに彼らの家があり、仕事場があり、日常の買い物もするという、いわば仲間内の町でした。

しかし食料が豊富に手に入ったことから、一気に料理店が増えました。南京町に行けば食べるものがあるというので、日本人もこの町へ押し寄せるようになったのです。ちょうどその頃、横浜には米軍基地が建設されました。その後、朝鮮戦争、ベトナム戦争とアジアの戦争が続きましたが、休暇を日本で過ごす米軍兵士が横浜に溢れました。

南京町には外国人向けのバーが林立しました。ネオンきらめく不夜城となり、体格の良い米軍兵士達が通りを占領しました。映画でも麻薬取引などが横行する怪しい町

中身が二倍
美味しさ三倍
ブタまん
金鳳酒家
龍門

として描かれ、ここはいつのまにか「怖い場所」というイメージがついてしまいました。

それを払拭《ふっしょく》し、町を変えていったのは、この町の人々自身です。南京町から中華街へと名称を変え、誰もが安心して楽しめる町へと舵《かじ》を切ったのです。

時勢がその努力に味方しました。1972年（昭和四七）、日中国交正常化。それを記念して上野動物園に二頭のパンダが中国から贈られると、またたくまに中国ブームが巻き起こります。

そして1980年代に入るとバブル景気とともにグルメブームが到来。おいしい料理を求めて全国から人々が押し寄せました。中華街もそれに応え、日本人の口に合う中華料理を工夫していきました。こうして横浜中華街は、世界でもまれにみる一大商業地へと発展していったのです。

中華街には牌楼《ぱいろう》と呼ばれる門が一〇基あります。東西南北を守る四基の門には、風水に基づいて、それぞれ青龍、朱雀、白虎、玄武という守護神が配されています。

色鮮やかな彫刻で飾られた関帝廟と媽祖《まそ》廟は、参拝の人や観光客でいつも賑わっています。関帝は商売の神様。媽祖は女性や海の安全を守る女神様です。

横浜在住の外国人でもっとも数が多いのは、昔もいまも中国人。中華街は横浜の誇りです。

關帝廟

文豪たちを魅了した元町

あのリカちゃん人形に、「横浜元町リカちゃん」があるのをご存知でしょうか。最初のバージョンが発売されたのはリカちゃん四〇周年にあたる2007年。「フクゾー」の服を着て「ミハマ」の靴を履き、ピアスは「スタージュエリー」、手には「ポンパドール」のフランスパン。

1970年代に全国を席巻《せっけん》したハマトラ（横浜トラディショナル）がコンセプトです。数あるリカちゃん人形の中でも人気が高く、その後、「テニス」「冬」など、幾つものバージョンが誕生しました。

元町リカちゃん御用達は、元町で誕生し、1970年代の女性ファッション雑誌創刊ブームに伴い全国ブランドになった店ばかり。その人気はいまも変わりません。

そんなおしゃれのメッカ、元町も、当初は「元村」でした。長い砂洲《さす》の上に横浜村という半農半漁の村があったことはもう話しましたが、砂洲に突然、国際貿易港が造られ、外国人を受け入れるというので、村人達が立ち退きを強制されました。その移転先となったのが元町です。

場所は砂洲の付け根。山手の丘が迫っているところです。外国人居留地との間に運河が掘られ、一続きになっていた山手と砂洲は、この時、切り離されました。現在、元町と中華街の間にある堀川がその運河です。

山手の丘と堀川に挟まれた細長い土地が、横浜村の住人に与えられた新しい居住地でした。その中のどの部分が自分の土地になるのかは、公平に抽選で決められました。

砂浜や畑が造成され、あれよあれよという間にいろんな建物が造られていくのを、旧横浜村の人々は、運河のこちらから唖然《あぜん》と眺めていたことでしょう。浜がなくなったのですから、もう漁業のための船は出せません。畑も消えました。

「元の横浜村」「元横浜村住民」、そんな意地と誇りをこめて、村人達は新しい場所を「元村」あるいは「元町」と呼びました。やがてそれが「元町」として定着します。

それにしても乱暴な話じゃないか、と思われるかもしれません。でも村人達には、相応の補償金が幕府から支払われました。また、急速に変貌していく横浜には、土木、建設を始めとして、仕事がたくさんありました。それまで日本にはなかった職種も、外国人達が次々と持ち込んできました。

西洋洗濯（クリーニング）、塗装（ペンキ）、洋家具造り、酪農、西洋野菜栽培、洋裁、洋食、石鹸製造……数え上げたらきりがありません。元町には、そうした仕事に就く人達の長屋が建ち、職人町の様相を呈していきました。

やっぱり漁業がやりたい、農業がやりたい、というので、他所へ移り住んでいった人もいます。でもそれをはるかに上回る数の人が、新しい可能性を求めて元町へ流入してきました。

古くから元町で商売をしている人でも、先祖が横浜村の住人だったという人はあまりいないかもしれませんね。

やがて外国人居留地が山手に拡大していくと、元町には洋酒や洋食材、洋雑貨など、外国人向けの商品を扱う店も多くできてきました。代官坂にいまもある「宮崎生花店」は、明治初期にできた西洋生花店です。

その頃には教会、外国人墓地、フェリス・セミナリー（後のフェリス女学院）などもでき、元町周辺はすっかり異国風になりました。明治も中頃になると、バッグの「キタムラ」や洋食器の「宝田商会」、パンの「ウチキ」も登場します。

元町のもっとも海に近いあたり、いま元町プラザがあるところに、増徳院という大きな寺院もありました。現在は南区に移っていますが、当時はこのあたりの信仰の中心でした。薬師堂もあり、定期的に開かれる薬師縁日は、若い男女が出逢う場として有名になり、「色薬師」と呼ばれたりしたものです。

外国人墓地の下あたり、元町プールのそばに、「ジェラールの水屋敷」という遺構があるのはご存知でしょうか。

横浜の中心地は、ほとんどが海を埋め立てたり砂浜を造成したりしてできたものです。井戸を掘ると塩気の混じった水が出て来ます。飲用にするには問題がありました。

そこで人が増えるにつれ、飲用水を売り歩く「水売り」が現れました。日本は水の豊かな国だというのに、横浜では水売りを呼び止め、飲むための水をそのつど買うし

かなかったのです。

ここに目をつけたのがフランス人の実業家、アルフレッド・ジェラールです。西洋瓦やレンガの製造でも名を知られた人物ですね。

ジェラールは山手周辺に良い湧《わ》き水があるのに気づき、パイプで水を横浜に引き込みました。それを居留地の各家庭に給水するほか、まとまった量を外国航路の船に売り、大儲けをしました。

横浜市が上水道を開通させ、住人がみんな、おいしい水を飲めるようになったのは、明治二〇年（1887）になってからです。

ジェラールはフランスへ帰り、水屋敷もなくなりましたが、大正時代に入るとその跡地付近に、映画の撮影所が登場します。

ここに、ある有名な文豪の大スキャンダルがからんでくるのです。


大正九年（1920）、元町1丁目77番地に、総ガラス張りの映画撮影所が忽然《こつぜん》と姿を現しました。アメリカで誕生した映画というものが、日本でも人気を呼び始めた頃のことです。まだ音のでない、無声映画の時代ですね。

撮影所を建てたのは大正活映という映画会社です。創立者は浅野財閥の浅野良三。撮影所の所長にハリウッドで活躍した日本人俳優、トーマス栗原が、文藝顧問には人気作家の谷崎潤一郎が迎えられました。

新しもの好きな谷崎は、この頃、まだ「活動写真」と呼ばれていた映画に夢中でした。それを自分で製作できるというので、小田原に妻子を置いて本牧に家を借り、さっそく「アマチュア倶楽部」という映画の脚本を書きました。監督は撮影所長でもあるトーマス栗原です。

浜辺で若い男女がドタバタを演じるというアメリカ喜劇風のもので、残念ながら谷崎の意気込みほどの評判は呼ばなかったようです。

後にも残る話題となったのは、谷崎が映画のヒロインに、一八歳の、芝居の経験もない葉山三千子という少女を抜擢したことです。少女の本名は、せい子。彼女は谷崎の妻、千代の実の妹でした。

文豪ともなればエゴイスティックなもの。谷崎はおとなしい妻をないがしろにし、自由奔放なせい子と不倫の関係を持っていました。

「細雪」や「陰翳礼讃」と並ぶ谷崎の代表作に「痴人の愛」という小説があります。中年男がわがままな美少女に振り回され、やがて奴隷のように従っていく……という内容ですが、ヒロイン、ナオミのモデルは、せい子だと言われています。

これだけなら内々の出来事で終わったのでしょうが、谷崎がこうしたことを周囲に隠そうともしなかったせいで、さらに別のスキャンダルへと発展していきます。夫と妹に裏切られた千代夫人に、新鋭の詩人、佐藤春夫が同情し、それがいつしか恋にまで発展していきました。

この頃、佐藤春夫は代表作となる「秋刀魚《さんま》の歌」を発表しています。「あはれ秋風よ、情《こころ》あらば伝えてよ」で始まるこの詩は、千代夫人との切ない関係を詠んだ詩として有名です。

こうした複雑な関係は、数年後、谷崎が「佐藤春夫に妻を譲る」という挨拶状を周囲に送り、それが新聞に大きく報道されたことでようやく決着をみました。

その後、谷崎は根津松子という人妻に激しい恋をし、彼女と結婚しています。「細雪」に登場する四姉妹の次女は、松子夫人をモデルにしたといわれています。

大正活映は経営不振により、わずか数年で解散しましたが、その後の日本映画を支える人材を多く育てました。さらには日本の文壇史に残る恋のエピソード、そこから生まれた詩や小説をも残したのです。

関東大震災と太平洋戦争は、元町にも大きな被害をもたらしました。そこから果敢《かかん》に復興し、高度経済成長期のど真ん中に入った昭和三八年（1963）、もう一人の文豪が元町を舞台に衝撃的な作品を発表します。

三島由紀夫の小説、「午後の曳航」。

この作品は国際的な評価を受け、二年後にはイギリスでも出版されました。1976年には舞台をイギリスに置き換え、サラ・マイルズとクリス・クリストファーソン主演で映画化されています。

小説の舞台は昭和三〇年代の元町。ヒロインの房子は、三三歳の美しい未亡人。谷戸坂の上に建つ海の見える洋館に住み、元町商店街で洋品店を経営しています。店は中庭《パティオ》のあるスペイン風の二階建て。支配人と四人の店員がいて、有名映画俳優などを顧客に持つという老舗店です。

房子には、頭が良くて素直な、登という一三歳の息子がいます。ある日、船の好きな登にねだられ、房子は停泊中の貨物船を見学に行きます。内部を案内してくれたのが、二等航海士の塚本でした。

海の匂いをまとった逞しい塚本に、房子は強く惹かれ、お礼という口実で食事に誘います。もちろん、場所はホテルニューグランド。大人の恋の始まりに、これほどふさわしい場所は他になかったでしょう。

房子は塚本の食事マナーに感心し、塚本は、臙脂の下着が透けて見える黒絹のレエスという、房子の着物姿に見とれます。

食後は塚本のエスコートで、山手の丘に開園したばかりの公園へ……。これは昭和三七年（1962）に開園した、港の見える丘公園でしょう。夕闇の降りる中、官能が

港の見える丘公園

ほとばしるような口づけを二人は交わすのです。

登も世界の海を旅した塚本に憧れ、彼を慕うようになります。しかし登には、ふたつの秘密がありました。ひとつは、エリート少年グループに属していること。そのグループの「首領」はメンバーを自分が気に入っている順に番号で呼び、「三号」である登に仔猫を残忍なやり方で殺させたあげく、冷然と解体するような少年です。もうひとつの秘密は、自分の部屋にある覗き穴から、母の寝室を盗み見ること。母と塚本が愛し合う様子も、登は逐一、この穴から凝視していました。

房子と塚本の恋は日を追って深まり、結婚式場にニューグランドを予約するまでに至りました。が、塚本が「海の男」から「普通の男」へと変貌したことを知って、登は激しく失望します。そして物語は、青く輝く海をバックに、思いも寄らぬ結末へとなだれこんでいくのです。


この小説の背景は、横浜の元町でなければならない……三島由紀夫はそう思ったに違いありません。華やかさでいえば東京の銀座が一番だったでしょうが、元町には、日本のどこにもないエキゾチシズムとエレガンスがありました。選ばれた大人の町です。

わたしも高校生の頃、友達と一緒に元町へ行ったことがあります。でも、場違いなところに来てしまったといううしろめたさで、店など覗く余裕はありませんでした。せっかく来たというのに、うつむいたまま早足で商店街を駆け抜けたものです。

まあそれは、何事にも自信のなかった高校生の話。元町はいまも昔も、インターナショナルでオープンな町です。本通りから一本山側へ入った「クラフトマンシップ・ストリート」は、明治の頃、職人さんの工房がたくさんあったところ。その名に恥じない、職人気質の店が並んでいます。

また、谷戸坂、代官坂、汐汲坂、地蔵坂など、山手に通じる坂にも、個性的な店が増えました。春には元町公園の桜が見事です。

わたしにとっては、歴史の謎も魅力。明治の初め頃、芝居や映画などで有名な唐人お吉が、元町で恋人と暮らしていた、という言い伝えが残っています。

伊豆の下田へ、日米の通商条約交渉のために来ていたアメリカ総領事タウンゼント・ハリスの元へ、お吉という一七歳の少女が送り込まれた話は有名です。

そのお吉が、なぜ横浜にいたのか。真偽のほどは闇の中ですが、小説家にとってはその方がありがたいこともあります。この言い伝えをもとに「横濱　唐人お吉異聞」(講談社)という小説を書きました。

元町は、創作意欲をかきたてる町でもあるのです。

元町、クラフトマンシップ・ストリート。
現在も、ちいさな工房が軒を連ねる。

HOTEL NEW GR
Edy
クレジットカード
J-Debit

通りすがりのご縁

ホテルの玄関が通りに面してますでしょ？　通りすがりの方とも顔を合わせるんです。玄関の近くで年配のご婦人が、不安そうな顔であたりを見回してらしたことがあるんです。どうかなさいましたか、と尋ねてみたら、道に迷われてたんですね。場所を訊いて、教えて差し上げました。そしたら翌日わざわざ、「昨日はありがとう。助かりました」と、可愛い箱入りのクッキーを持ってきてくださったんです。夏なんか、近所に住む方が、「暑いでしょ」と冷たいお茶を差し入れしてくださることもあります。いつも車で通りかかる方が手を振ってくださったり……。

嬉しいですよね、地域に馴染んでるというのは。

あ、ニューグランドに入ってみたいけど入っていいのかな、という感じで、そうっと覗き込むようにしてらっしゃる方もいますよ。ええ、押しつけにならないよう、声を掛けます。「よろしければどうぞ」と。

（ドアマン・Sさん　在職20年）

黒の礼服

婚礼が何件も入ってた日、玄関に車が着いて、男性の黒い服が見えたんです。で、てっきり婚礼のお客様だと思い込んでしまって、「いらっしゃいませ。本日は結婚式でいらっしゃいますか?」と、にこやかに言ってしまいました。

そしたら法事の集まりにいらした方だったんです。服だけ見てネクタイを確かめなかったんですね。大失敗の思い出です。

(ドアマン・Sさん　在職15年)

マニュアルより自分の工夫

もう三九年間、ドアマンをやってます。自分で言うのもなんですけど、ドアマンって、押し出しがよくないと駄目なんですよ。新人もね、背が高くて顔もいい男にしてほしいと、私は注文を出してます。

お客様が車を降りて玄関まで、たった数歩のお付き合いではありますけどね、たった数歩だからこそ、その印象が大事なんです。

制服の似合う立派な体格のドアマンが、きびきびした動きと感じのいい笑顔で迎える。するとお客様の安心感が違ってくるんです。

私？　じつはドアマンになって一年くらいは、お客様と口きくのが苦手でしてねえ。「こんにちは」と「いってらっしゃいませ」しか言えなかったですよ。いまとはえらい違いでしょ？

言葉が出ない上に車種も人の顔も覚えられない。このお客様ならこの車だろう、なんて勝手に見当つけて駐車場で待ってる運転手さん呼びに行ったら、ものの見事に間違えて怒られたりしてね。

人を外見で判断しない、自分を過信しない、というのがモットーになりましたよ。

歯がきれい？　でしょ？　努力してるもん。一日五回磨いてますよ。歯が抜けると顔が変わるでしょ。ドアマンは顔が命なんだから。

あ、常連のお客様とは、つい、こんな夕メ口になったり玄関先で話し込んじゃったりするんだよね。それでずいぶん上司から叱られたなあ。

だけど三九年間もこの部署にいるってことは、ホテルもお客様も、このドアマンはこういうやつなんだって、認めてくれたからかな。俺……いや、私の場合は、三九年間、この玄関先でお客さんと楽しく遊んできたって感じですね。

新人のドアマンにも、自分からあれこれ教えることはしないですよ。自分なりの工夫をして、自分のやり方でやっていけ、と言ってます。あ、うちのホテル、どの従業員もそうですよ。マニュアルより自分のやり方。社風でしょうね、昔からの。

（ドアマン・Tさん　在職39年）

＊

ホテル・レストランの楽しみ方

宇佐神茂ホテルニューグランド総料理長に聞く

――「特別な時間」のためのレストラン

山崎　いい眺めですねえ。

宇佐神　いいでしょう。ここは夜景はもちろんですが、朝の眺めがまた清々しくて。わざわざ朝食を召し上がるためだけに来られる方も多いんですよ。

山崎　この「ル・ノルマンディ」がニューグランドのメインダイニングになるわけですね。ノルマンディー号は1930年代に「洋上の宮殿」と言われた豪華客船ですが、その船にちなんで名付けられたと聞いていますが。

宇佐神　そうです。アールデコの粋《すい》を集めた贅沢な客船でした。このレストランの窓は、ノルマンディー号のメインダイニングの高さと同じになるように設計されています。この高さから見る海が、一番、人の心を落ち着かせるのです。

山崎　入り口の大きなタペストリーや古代の馬の彫像なども、非日常へ

宇佐神　誘ってくれますね。

山崎　エレベーターを降りた瞬間から、今日はここで特別な時間を過ごそうという気持になっていただきたいのです。

宇佐神　お生まれはどちらですか？

山崎　昭和二七年に藤沢の辻堂で生まれました。米軍によるニューグランドの接収が解除された年ですね。

宇佐神　戦争の痕跡はありました？

山崎　うちのあたりは農家が多かったので、そうでもなかったですね。

宇佐神　横浜にはよくいらしていたのですか。

山崎　大学一年のときに、馬車道の証券会社で株価の黒板書きのアルバイトをしていましたから、その頃からちょくちょく横浜に来るようになりました。ニューグランドのことは名前くらいは知っていました。我々が入れるようなところではなかったですけどね。

宇佐神　学校は関東ですか。

山崎　法政大の哲学科にいました。中退ですけど。

宇佐神　どういう経緯で料理の道へ進まれたのですか。

山崎　大学の入学式でいまの家内と知り合い、付き合いが始まりました。

山崎　家内の実家が料理屋をやっていましてね。当時、学園紛争真っ盛りで、学校も勉強どころではなくて、結婚資金をためるつもりでバイトをいくつか掛け持ちでやってたんです。その時、飲食業のバイトも三つほどやって料理に興味を持つようになりました。証券会社の顧客にニューグランドの重役がいて、「バイトをやってるんだったら、うちのコックになる気はないか」と声をかけられたのが始まりです。

宇佐神　料理はお好きだったのですね。

山崎　付き合ってる彼女の実家が料理屋だから、どこかで修業して将来は跡を継ぐつもりでした。でも、このホテルに入ってから料理を一から学びましたね。

宇佐神　他の部署を回ってからレストランに、というケースもあるようですが、最初からレストランに？

山崎　そうです。タワー館ができる前は、本館の五階に「スターライトグリル」というレストランがありまして、そこがメイン・ダイニングだったのですが、そこで皿洗いを数ヵ月やって調理場に移りました。

宇佐神　早いですね。

山崎　そうですね。わたしが入る前は、一年二年と皿洗いをやって、先輩に名前を覚えてもらってから調理場に入っていくものだったのですが、わたしの場合たまたますぐ皿洗いを卒業しました。でもなまじ大学中退だし、名前も覚えてもらっていないうちに調理場に入ったから、最初は先輩によく思われず、仕事も教えてもらえなくて苦労しました。

山崎　その当時の料理長は二代目総料理長の入江茂忠さんですよね。スパゲティー・ナポリタンという料理を創り出した方。

宇佐神　そうです。ナポリタンはほんとにポピュラーな洋食ですが、発祥はこのニューグランドです。ここが接収されていた頃、米軍がスパゲティーとトマトケチャップを持ち込みました。スパゲティーを茹でて塩こしょうしてケチャップであえるだけという、簡単な調理で軍用食として食べてたんですね。

山崎　その段階ではナポリタンという名前ではなかったんですね。

宇佐神　昔、イタリアのナポリで、そういう簡素なものを庶民向けに売ってはいたらしいですね。屋台なんかで。

山崎　日本で言えば、素《す》うどんみたいなものでしょうか。

宇佐神　入江さんはケチャップを使うのではなく、刻んだニンニク、タマネギ、生トマト、トマトペースト、そしてオリーブオイルも加えたトマトソースを考案したんです。そしてハム、タマネギ、マッシュルームなどを炒めて、そこへ茹でたスパゲティーを加え、トマトソースをかけて、すり下ろしたパルメザンチーズとパセリを振りかけた。名付けてスパゲティー・ナポリタン。日本生まれの洋食としてはカレーライスやオムライスと並んで皆さんに愛されていますね。

山崎　喫茶店のメニューに必ずありましたものね。でもそれが、横浜の老舗ホテルから生まれたとは意外です。

宇佐神　接収というのは辛い歴史ですが、そこからちゃんと新しい食文化も生まれたのです。

山崎　入江茂忠さんは、どんな方でしたか?

宇佐神　一言で言うと怖い人。でも厳しさの中に優しさと気遣いのある素晴しいシェフでした。非常に勉強されていた方でしたね。私が入ったころはもう入江さんが調理する姿は見られなくて、メニューをタイプされるのをもっぱら見ていました。でも、スターライトグリルに上がってきて、スープなどの味見をされる姿に、やはり威厳がありました。当時の日本では五指に入るシェフで、オリンピック女子村

宇佐神総料理長

の料理長も務めた方ですから、風格と自信にあふれてましたね。入江さんの時代はフランスからの情報はほとんどなくて、辞書と首っ引きでフランス語のレシピを勉強する。そういう点でもたいへんな努力をなさった方でした。

山崎　一流ホテルのメインはフランス料理と相場が決まっていますね。それはなぜでしょう。

宇佐神　世界のどこでも賓客《ひんきゃく》をもてなすのはフランス料理なんです。日本でも明治以降はそうですね。

山崎　入江さんの頃には、どのくらいの料理人がいらしたのですか?

宇佐神　ホテル全体で50人くらいの料理人がいましたね。「不得意のある料理人を作らない」というサリー・ワイルの哲学が生きていて、2年ごとに、あちこち配置換えになるんです。その後、適性を見極めてひとつのセクションを任せるというシステムでした。

山崎　入江、菅原直世さん、高橋清一さんなど、素晴しい方々が総料理長を務めてこられたわけですが、こういう方達からどんなことを学ばれましたか。

宇佐神　菅原さんもやはり勉強家で、フランスでの研修もあって、新しい知識をどんどん取り入れていました。フォンドヴォーを使い出したのも菅原さんで、研修先で学んだことを取り入れたんですね。高橋さんは、原価計算やコスト管理など数字に強い方で、文才にもたけて2005年には「横浜流」という本を上梓されました。

山崎　総料理長は、味も数字もぜんぶチェックしなければいけないのですね。

宇佐神　そうですが、うちのホテルの場合は、もう何十年も勤めているベテランのシェフが多いので、チェックするような場面って、いまはほとんどありません。むしろ、何かあったときに、アドバイスをするというほうが当たっています。意志の疎通は非常によくできていますよ。

——料理人に求められる資質とは？

山崎　修業時代の話を聞かせていただけますか。

宇佐神　失敗はいろいろありますよ。スープやソースを作っていたとき焦がしてしまって、それはこっそり捨てました。翌日、あれどこ行った、なんて騒ぎになって（笑）。でも、ぼくがやりましたなんて言ったら鉄拳が飛んでくる時代でしたからね。正直に云うべきだったといまだに気にかかっていますが、当時はとても言えませんでした。今はそういう世界ではなくなってきましたが、あの頃は蹴られようが熱い火箸でお尻を叩かれようが、黙って耐えるようなところがありました。

山崎　それで辞めてしまう人も多かったのでしょうか。

宇佐神　新入社員が10人入ったら、3分の1残ればいいという感じです。それは、昔みたいに乱暴なことはない現在でもそうですが。

山崎　でも、ニューグランドの料理人になるというのは憧れですよね。

宇佐神　入江さん時代に、お茶を持って料理長室に入っていくと、テーブルの上に履歴書の山ができているんです。「こんなに志望が来てるんだからおまえたち、我慢出来ないならいつ辞めてもいいぞ」なんて冗談交じりに言われました。

山崎　厳しい世界ですね。今、女性はいらっしゃるのですか。

宇佐神　パティシエに4名、調理場に2名います。女性を入れるようになっ

たのはここ数年のことです。

山崎　これからは女性も活躍されるんでしょうね。

宇佐神　女性は根気強いですからね。ひとつひとつきちっとやってくれる。ただ、腕力がないので、その点は厳しいのですけれど。まず料理人は体力が第一ですから。頭脳や感性はその次ですね（笑）

山崎　頭脳とか感性って、具体的にはどういうことでしょうか。

宇佐神　この世界に入りたてのひとが要求されるのは、先輩が何をやりたいか素早く察知する能力です。それから、食材を大切に扱うという料理人としての基本的な心構えです。そして感性でいうと、舌が一番大事なんですが、舌は、訓練で作られる部分が大きい。入社した頃私にとっては、ほとんど味を知らない料理ばかりでした。たとえば食材のブルーチーズにしても、なんでこんな臭いもの食べるんだろうと思いつつ、何度も味見しているうちに、だんだんその旨さがわかるようになってくるんです。

山崎　料理のプロは、いろいろ味見をされるんでしょうね。

宇佐神　食事会に行っても、わいわい楽しく食べることよりも、まず味見って意識が先に立っちゃって、高いお金を払って行ってるのに楽しめ

ないんです（笑）

山崎　料理人がお客さんというのは、レストランにとってもいやでしょうね。

宇佐神　正直、料理人が来られるといちばんピリピリしますよ。

山崎　感じたことを、そこの料理人に言うなんてことはしないんですか。

宇佐神　まずしませんね。その料理人の考え方ですから。

山崎　おいしくなければ、お皿が残っているからわかりますものね。

宇佐神　そうです。料理が残されたら、コックはその料理をなめてみます。それで、何が問題だったのか確認します。

山崎　ひとが食べたお皿をですか。

宇佐神　そうやって味を覚えていくしかないんです。

――高級レストランはこう楽しむ

山崎　「スターライトグリル」に代わって「ル・ノルマンディ」ができた際に、メニューを一新されたそうですね。

宇佐神　「スターライトグリル」では、ハンバーグやナポリタンなどのいわゆる洋食を出していましたが、「ル・ノルマンディ」ではデミグラスなどの重いソースを使わず、フォンドヴォー・ベースの軽いソースを使うスタイルに変えていきました。

山崎　フレンチ懐石という言葉ができましたよね。

宇佐神　そういう傾向にあわせてメニューを一新したわけですが、かつてのメニューを今、一階の「ザ・カフェ」のほうでお出ししています。

山崎　では一時期、ナポリタンやドリアもなくなったのですか?

宇佐神　そうです。メインダイニングではハンバーグステーキ、カレーといった洋食メニューをはずし研修先のフランスの「ホテル・ドゥ・クリヨン」などのグランドメニューを取り入れながら、新しいメニューを作り上げたんです。

山崎　それはバブルのころの、グルメブームのときですか?

宇佐神　いえ、ちょうどバブルが終わりかけた頃で、料理の内容は素晴らしかったのですが「スターライトグリル」の全盛期には及びませんでした。「スターライトグリル」の全盛期は、朝11時から夜の9時半まで、お客さんが入りっぱなしでとぎれませんでした。

山崎　すごいですね。ホテルのレストランは高いのに！

宇佐神　ステーキセットが1万2000円だったのですが、一日60とか70とか出たんです。昭和四八年ごろから六〇年ごろまで、高度成長期でお金に余裕があったんですね。

山崎　お客様はどんな方達だったのでしょう。

宇佐神　近隣の方もいたでしょうし、家族連れも多かったように思います。意外に思われるかもしれませんが、当時はお子さんもOKだったのです。「ル・ノルマンディ」になってからは、大人の雰囲気の高級フレンチということで、ディナーは小学校入学前のお子さんはお断りするようになったのですが。

山崎　一流ホテルのメイン・ダイニングともなれば、入るのにちょっと勇気が要るような気がしますけど。

宇佐神　来られるお客さまは、やはり40代、50代の方が多いですね。ランチのほうは若い方も多く見られますが。

山崎　格式の高いレストランで、びくびくせずに楽しむにはどうすればいいのでしょう。塩加減など、好みを言ってもいいんでしょうか。

宇佐神　大歓迎です。アレルギーのこともちろんですが、ぜひご要望は遠慮なく仰っていただきたいですね。

山崎　いま、ちょっといいお店になると、料理がひとつ出るたびに、スタッフがいちいちその説明をしたりしますね。ときどきあれが鬱陶《うっとう》しいなあと思うことがあるのですが。

宇佐神　フランス料理の伝統を日本に取り入れたころから、そういうことが始まったのでしょうね。でも、そういう時こそスタッフの力量が試されるわけで、お客様がそれを望んでいるのかいないのか、見極めができないといけないですね。

山崎　こちらの話が佳境に入っていても、かまわず割り込んでくるスタッフもいますよね。

宇佐神　わかります。でも、うちのウェイターたちは、臨機応変にしっかり空気を読んでくれていると思います（笑）

山崎　ドレスコードはどうでしょう。

宇佐神　メインダイニングですからね。食事をする際は、昼はともかく、基本的に夜はジーンズは不可です。あと、サンダルもできれば遠慮していただきたいと考えています。でも、なかなかそれをやめてくださいと、お客様に申し上げるのは難しいのですけど…。

山崎　お金を持てばだれもが一流ホテルに入れる時代に、伝統や格式を保つのは難しいですね。

宇佐神　ホテルの雰囲気はお客様も一緒になって創り上げるものですが、残念ながら、それを理解してくださるお客様ばかりではありません。

山崎　食事のマナーはどうすればいいのでしょう。

宇佐神　テーブルマナー教室をうちでもやっていますが、イギリス式にずらりとフォークとナイフがならぶあのスタイルを完璧に覚えても、まったくその通り使う機会はどれだけあるかわかりませんからね（笑）

山崎　むかしはあれにビビりました（笑）。でもだんだん慣れてくると、間違えたって別にかまわないじゃないかと思うようになりました。歳のせいかもしれませんが（笑）

宇佐神　周りのお客様に迷惑をかけなければいいんです。それが、サリー・ワイル以来のニューグランドの精神です。来て楽しんでもらえなければ、意味がないですから。

山崎　洋食のコースに箸が出ることも多くなりましたものね。

宇佐神　サービスする側が、お客様の気持ちを察知して、楽しく食事してもらうよう演出をすることが大事です。いくら我々料理人がいいもの

山崎　を作ってもサービスのタイミングが悪ければ台無しですから。レストランは連携プレーなんです。お客様がご来店された時、その場にいるスタッフが笑顔で挨拶しなければ、あんまりいい気持はしない。食事の間も、ずっとそのイメージが続いてしまいます。ですからご来店された瞬間から、スタッフ一同でのおもてなしが始まるという気持ちを持っていないといけないんです。

宇佐神　客が何を望んでいるか、人間観察も大事ですね。

山崎　年齢が高くなるとどうしても第一線で働くことが難しくなってきますが、ホテルのサービスは年齢が生きてくるんです。顔見知りになったお客様との信頼関係は長い時を経てこそ築かれるものだからです。

――「親方」として、思うこと

山崎　ニューグランドの料理はレストランでも宴会でもとても評判がいいですね。ほとんど手作りと聞きました。

宇佐神　ソースなども一から自家製で、それがニューグランドのこだわりです。マヨネーズは、今、手作りするところは少ないでしょうね。でもやっぱりお客様はおいしいとおっしゃいますよ。

山崎　今むしょうにマヨネーズをなめたくなりました（笑）

宇佐神　なめ比べると、いかに手作りが美味しいかよくわかりますよ。びっくりするほど違います。

山崎　料理長が交代すると味が変わって、お客様にクレームをつけられるということはありますか？

宇佐神　時代によって、手に入る食材が違ってくるということがあります。基本的な作り方はレシピがあるので変わりません。ですから、料理長によって変わってくるというより、お客様の嗜好《しこう》によって変わるというところが大きいかと思います。10年20年と時がたてば好まれる味が変化してくるので、それにこちらは対応していきます。もちろん、「20年前のあの味を食べたい」というお客様がいらっしゃったら、それは作れなければいけない。それを継承していくことが、伝統を守るということです。

山崎　まったく同じように再現しても、「こんな味じゃなかった」と言われることもあるのではないですか。

宇佐神　サービスの仕方から食器まで、すべて変わっていますからね。そういう意味で「まったく同じ」というのは難しいかもしれません。でも、我々は何十年も勤めるなかで、味の移り変わりをすべて再現できなくてはいけない。そういうつもりで仕事をしています。

山崎　たとえば、入江さんの時代のあれを再現して、というオーダーが来たら、やらなくちゃいけないと。

宇佐神　そうです。口で言うのは簡単ですが、大変です（笑）

山崎　具体的に言うと、どういうところが違ってくるのですか？

宇佐神　塩味のとらえかたが変わったり、昔のような食材が手にはいらないため、基本となるフォン（だし汁）が変わってきています。ですから、正直言うと厳密に同じものはなかなか難しいのですが、近いものは再現できます。

山崎　健康志向で薄味の傾向になってきていますか？

宇佐神　オイルを減らして、あっさりにしてほしいというお客様は多いですね。ただ、フランス料理はやはりバターやクリームなどを多く使ったソースが核となる料理ですから、あっさりというのはちょっと難しいですね。

山崎　なるほど。

宇佐神　生クリームの量を多少ひかえることはありますが、でもフランス料理の基本ですから、いまでもしっかりとした味わいのソースを提供しています。

山崎　総料理長として、伝統を守る一方で自分のオリジナルを打ち出したいというお気持ちはありますか。

宇佐神　それが親方のひとつの務めというか集大成という思いもあります。これからどういうものをニューグランドの名物として残すべきなのか、迷うところです。

山崎　何か、もうお考えがあるんですね？

宇佐神　あるんですけどね（笑）

山崎　ニューグランドの料理人になるには、どういう資格が必要なんでしょう。

宇佐神　料理に対する情熱さえあれば、あとは高卒以上の健康な者という以外はありません。試験も、筆記と面接のみで実技はありません。

山崎　この人は向いてるって、面接でわかりますか。

宇佐神　だいたい予想は外れます（笑）。いまの若い人は口が達者で、自分を上手にアピールするんです。やる気もありそうだなと思って採用すると、すぐ辞めてしまいます。

山崎　どうしてでしょう。

宇佐神　入ったらすぐにかっこよく腕をふるえると思ってくるんですが、最初は半年くらいずっと地味な雑用をやらされるんです。それに堪えられなくて辞めてしまいます。5人入ったら残るのは2人くらいです。

山崎　味付けなんかは、すぐにさせてもらえるんですか。

宇佐神　付け合わせくらいはさせます。それも先輩が必ずチェックします。バターライス炊くことひとつとってもマスターするのにはすごく時間がかかるんです。プロになるにはやはり努力です。時間も必要です。それをわかってほしいですね。

山崎　どの世界でも、それは同じですよね。いいお話をありがとうございました。

中庭の美味――イル・ジャルディーノ

「横濱銅版畫《どうはんが》」という、ちょっと持ち重りのする本を持っています。幕末・明治の横浜に存在したおもな商家や商館、ホテルなどを描いた、モノクロームの美しい銅版画集です。

横浜市のサイトにある「都市横浜の記憶」の中でも、この銅版畫を観ることができます。

その中に「ピヤツロ・ベルッタ」(ピエトロ・ベレッタ)という洋館の画が入っています。こじんまりした建物ですが、二階には大きな総ガラス張りの出窓が付いています。こちら側が海に面していたのでしょう。

場所は居留地十番。現在、ニューグランドが建っているところです。

横浜十番　ピヤツロ・ベルッタ（横浜市中央図書館所蔵）

じつはこの「ピヤツロ・ベルッタ」は、その名前のイタリア人が経営するホテルでした。明治一四年（1881）に出た「横浜商人録」、さらには当時の絵葉書にもこの建物が登場しています。

いつからいつまでホテルとして存在していたのか、はっきりしていません。食堂があったはずですが、コックがどこの国の人だったのかもわかりません。

けれども経営者がイタリア人だったのですから、供される料理にはおそらく、イタリアの味が入っていたのではないでしょうか。それはもしかすると、日本で最初に、おおやけに振る舞われたイタリア料理だったかもしれません。

当時、イタリア料理という明確なジャンルはなかった、という説もあります。統一国家になったのが1861年。それぞれの地方が、そこに近い国の影響を受けて、独自の地方料理を作っていた、ということです。

一方でまた、イタリア料理があってこそ、世界に冠たるフランス料理が生まれた、という逸話もあります。16世紀、フィレンツェの名門メディチ家からフランスの皇子に嫁いだカトリーヌ・ド・メディチは、大勢の料理人を引き連れていきました。

イタリアにはローマ時代からの先進文化があり、それは食文化にも及んでいました。かたやフランスは、まだこの頃、素朴な料理を宮廷でも手づかみで食べていたといいます。

カトリーヌはそこへ、美しい食器や、ナイフとフォークを使う食事マナーなどを持ち込みました。料理の種類やスパイス、菓子なども、この時から多様になり、フランス料理にとっては大きな革命になりました。


イタリアと日本の国交が始まったのは慶応二年（1866）です。神奈川の台場にイタリア国旗が翻《ひるがえ》り、15発の祝砲が鳴り響きました。

イタリアには一刻も早く日本と通商条約を結びたい事情がありました。開港以来、横浜港の主要輸出品になった生糸。じつはヨーロッパでもイタリアやフランスで生糸が作られていました。しかし蚕《かいこ》の病気が蔓延《まんえん》したため、繭《まゆ》がとれなくなりました。

そこで開国したばかりの日本に、生糸輸出のチャンスが回ってきました。関東を中心に養蚕《ようさん》が盛んになり、日本は生糸の一大生産国になったのです。

「シルク」という映画がありました。２００８年に公開された日本、カナダ、イタリアの合作映画です。蚕種（蚕蛾の卵）を求め、フランスから幕末の日本へはるばる渡ってくる青年が主人公でした。

同じ頃、イタリアからも多くの養蚕業者が、蚕種の買い付けにやってきました。イタリアの業者が数万単位の蚕種を買っていったことが、資料にも残されています。「ピヤツロ・ベルッタ」にもそのような商人達が泊まっていたのでしょう。

イタリア人生糸商人の代表は、居留地１６８番に住んでいたカルロ・ジュサーニです。広々とした庭のあるジュサーニの住まいも、横濱銅版畫に残されています。

ミラノ出身のジュサーニは、公認生糸検査人でもありました。検査人というのは生糸の善し悪しを見抜くプロフェッショナルのことですが、居留地の外国商館から公認され、検査依頼を請け負うほどの実力者は、ジュサーニを入れて6人だけだったといいます。

ジュサーニは35年間、日本に住み、日本人のヤエという妻もいました。日本の古美術品や骨董品の収集家でもあり、帰国後はミラノのアンブロジアーナ美術館にコレクションを寄贈しています。

横濱銅版畫に店の絵が残るイタリア人を、もう一人ご紹介しましょう。居留地186番でベイカリーを営んでいたミケーレ・デンティチ（ミシェル・デンチチ）。シチリアの出身です。

明治六年（1873）、イタリア海軍巡洋艦乗り組みの料理人として来日したデンティチは、5年間、ロシア公使館の料理長を務めていたようです。

彼が横浜でベイカリーを始めた時、居留地には外国人向けのパンやビスケットを製造販売する店が4軒ありました。デンティチは商売を成功させ、ペンション経営にも乗り出します。

関東大震災の後はベイカリーをたたみ、山手217番でペンションョン経営を続けました。このペンションは戦争の始まる前あたりまであったそうです。

デンティチの子孫は、いまも横浜に住んでいます。数年前、ミケーレの曾孫《ひ》にあたるジョン・デンティチさんが、このペンションで供された料理の手書きレシピを発見しました。

約100年前、横浜で供された西洋料理のレシピ。その料理は山手十番館で数回にわたって再現され、当時をしのぶ貴重なよすがとなりました。

「フレンチはハレの日に、イタリアンは日常に」

ニューグランドの本館一階にあるイタリアンレストラン「イル・ジャルディーノ」の伊藤洋光シェフから、そんな言葉を聞きました。

パリに最高の食材を集結させることによって洗練されていったのがフランス料理な

ら、イタリア料理は郷土料理の寄せ集め。カジュアルに楽しみましょう、ということでしょうか。

「イル・ジャルディーノ」というのは英語に直せば「The Garden」。「庭」という意味ですが、「The」が付いているので、「あの」とか「この」といった特定の庭を表すことになるのでしょう。

その「庭」とはもちろん、このレストランが面しているニューグランドの中庭です。美しい花壇があり、ときおり、純白のウェディングドレスに身を包んだ花嫁さんが、晴れやかな笑顔で横切っていくのを見かけます。

ホテルニューグランド80周年の年、この店は、「シェフ伊藤洋光が贈る80種類のパスタ」と題したメニューを、春と秋のそれぞれに用意しました。フランス料理から出発し、イタリアへも研修に行ったという伊藤シェフの面目躍如。80種類すべて、オーダーがあったそうです。

「季節に応じて、イタリアの土地土地の料理を味わっていただけるよう工夫しています。夏なら南のシチリアとかプーリヤをイメージして、トマトをはじめとする夏野

「イル・ジャルディーノ」伊藤洋光シェフ

3
伊藤
H.ITO

菜をふんだんに使った料理。冬になったらピエモンテやロンバルディアなど、北の料理。クリームとかバターとか、あまりイタリア料理のイメージじゃないかもしれませんけど、寒いから北ではよく使うんですよ」

伊藤シェフは、化学調味料を一切、使いません。食材を最大限活かしたいのと、味に「イル・ジャルディーノ」ならではの特色を出したいから。

「化学調味料は便利ですけど、なんだかどれも味が似てしまうんですよね」

メニューにピッツァはないんですね、と言ったら、

「はい、この店はリストランテですから」

イタリア料理店には種類があります。オステリアは日本で言えば居酒屋、トラットリアやタベルナは基本的に庶民的な食堂、そしてリストランテは高級店。

「リストランテでピッツァを注文するのは、懐石料理店で盛り蕎麦ひとつ、と言うようなものなんです。ちゃんとした蕎麦を食べたければ蕎麦屋へ行きますよね。ピッツァもイタリアではピッツェリアという専門店があります。ピッツァを焼く窯《かま》ってものすごく高価なんですよ。あだやおろそか、ピッツァもやりましょうとは言えないん

です」

本格的なコース料理も提供するリストランテですが、アラカルト・メニューからパスタだけ、というのも、ありですよね？

「もちろんです。無理にたくさん食べる必要はありません。一品ずつ、数人で取ってシェアするのもいいですよね、いろいろ味わえて……。遠慮なく希望も言っていただきたいです。この料理に入ってる食材の、これが食べられないから除いてほしいとか。アレルギーの問題もありますからね」

私はランチにここへ来て、中庭を眺めながらグラスのシャンパンとパスタをいただくのが大好きです。

どうせなら、食後の散歩は山手のイタリア山庭園。ここには明治一三年（1880）から明治一九年（1886）までイタリア領事館がありました。バラ、アジサイ、ダリアなど、季節の花で彩られた広い庭園には、「ブラフ18番館」と「外交官の家」があります。

赤い屋根と緑の窓の「ブラフ18番館」は、関東大震災後、山手45番に外国人用住宅として建てられました。戦後はカトリック山手教会の司祭館として平成三年（1991）まで使用。その後、横浜市がここへ移築復元しました。

とんがり屋根のついた「外交官の家」は、ニューヨーク総領事、トルコ特命全権大使などを務めた外交官、内田定槌《さだづち》の屋敷だった建物です。明治四三年（1910）、渋谷の南平台に建てられました。

設計はアメリカの建築家、J・M・ガーディナー。平成九年（1997）に横浜市へ寄贈され、ここに移築復元されました。

どちらも一般公開され、随時、コンサートなどのイベントが開催されています。

イタリア山庭園（中区山手町16番地）内のブラフ18番館

ベテラン・バーテンダーは水先案内人

マリンルージュで愛されて
大黒ふ頭で虹を見て
シーガーディアンで酔わされて
まだ離れたくない

サザンオールスターズの大ヒット曲「LOVE　AFFAIR～秘密のデート～」の一節ですね。

マリンルージュは横浜港を巡るレストラン船です。ランチクルーズとディナークルーズがあります。

「シーガーディアン」は1991年（平成三）にタワー館がオープンするまで、ニューグランド本館の一階にあったバーです。この歌が世に出たのは1998年（平成一〇）。バーはタワー館一階に移り、名前も「シーガーディアンⅡ《ツー》」と変わっていました。従ってこの歌の場合も、正確に言えば「シーガーディアンⅡ《ツー》」ですね。

ちなみに「シーガーディアンⅢ《スリー》」が横浜駅東口のそごうデパート一〇階にあります。

大黒埠頭で見る虹は、ライトアップされたレインボーブリッジのことだという説を聞いたことがあります。ならばこの二人はディナークルーズ、つまり夜のデートだったのでしょうか。

そのあとホテルのバーへ行ってるんだから、夜に決まってるじゃないか、と言われるかもしれません。でも、わたしはこのコース、昼間ならもっといいかもしれないと思っています。

雨上がりのランチクルーズだったりしたら、本物の虹だって見られるかもしれないし。

だけど「シーガーディアンⅡ《ツー》」でお酒と恋に酔うには、その前にまた、雰囲気を損《そこ》なわないような夕食の場所を捜さなきゃいけないし……ですか？

ポイントはそこです。ランチクルーズを終えたら、ゆっくり語り合いながらニューグランド周辺を散歩しましょう。大桟橋から象の鼻パーク、赤レンガ倉庫と海づたいに歩き、5時を回るあたりで周遊バスの「赤い靴号」かベロタクシーに乗り、「シーガーディアンⅡ《ツー》」へ直行。

ちょっと、まだ食事もしてないのに……って、それでいいんです。「シーガーディアンⅡ《ツー》」のチーフバーテンダー、太田圭介さんが教えてくれました。

「ホテルのバーのいちばん粋《いき》な使い方は、食事の前に来ることです。アペリティフですね。昔は外国人の常連さんにそういう方が多かったんですが、日本人でも、ほんとに粋な方はそれをなさいますね」

カクテルを一杯オーダーして、ゆっくりとすすりながら、「さあ、今夜はどこで食事しようかな。お勧めの店はありますか？」と、バーテンダーに尋ねましょう。

ニューグランドのバーテンダーともなれば、そういう時のためにちゃんと勉強して

います。お酒のことだけではなく、横浜の歴史も地理も、周辺にある店の特色も。

さらには、どういうシチュエーションで食事をしたいかも、相手の様子や会話の中からさりげなく察してくれます。

「そういうお客様は、食事を終えるとまたここへ戻ってきてくださることが多いですね」

ありがとう、おかげでいい食事ができました、と礼を言い、食後のお酒を少々たしなんで帰って行かれるのだそうです。

大人ですねえ。粋ですねえ。わたしも一度やってみたいものです。女性も堂々とバーを楽しむ時代ですから。

「ホテルのバーは一番安心して入れるところですよ。料金も、じつは非常にリーズナブルですし」

それはわかっているのですが、一人となると、ことに女性だと、さまになる自信がなくて……。

「その通りにおっしゃってください。初めてだけど、ちょっと入ってみたくて、とか、カクテルの種類も知らないんですけど、とか、なんでも遠慮なく……。それを受け止めて、リラックスしていただけるよう努めるのも私達の仕事ですから」

では、お言葉に甘えて、お勧めのカクテルをいただいてみることにしましょう。お酒にあまり強くないのですが、カウンターで女一人飲んでても格好がついて、横浜らしいものを……という条件で。

登場したのは、「ヨコハマ」。世界のカクテルブックにも必ず載っている、横浜生まれのショートカクテルです。鮮やかなオレンジ色は、朝焼けの色でしょうか。それとも夕焼け？　太田さんはわたし向けに、ベースのジンを少し弱めにしてくださったようです。

開店早々の、まだ早い時間。口あたりの良い「ヨコハマ」で気分もほぐれ、太田さんを独り占めにして、あれこれのエピソードを聞かせていただきました。

――ありふれた質問ですけど、太田さんはなぜバーテンダーになろうと思われたのですか？

ものすごくミーハーな動機ですよ。「カクテル」っていう映画、あったじゃないですか。高校生の時、あの映画を観たんです。

――ああ、トム・クルーズ主演の。ジャグリングみたいにシェイカーやボトルを扱う派手なシーンがありましたね。

パフォーマンスを見せながらカクテルを作る「フレア」という技術なんですよ、あれは。

ものすごくかっこよかったし、なにより女の子にもてそうだな、と思って（笑）沖縄あたりの海辺で、アロハ着てシェイカー振って、ほっといても女の子が寄ってきて……なんてことをイメージしてたんでしょうね。

私の生まれ育ちですか？　横浜の鶴見なんですけどね。

まあそれで、担任の先生に将来の志望を訊《き》かれた時も、バーテンダーになるつもりですって答えたんです。

先生、眼を剥《む》きましてね。俺はバーは大好きだ。だから言う。おまえみたいないい加減なやつに、バーテンダーは絶対つとまらない、やめとけ……はっきり引導《いんどう》を渡されましたよ。

――でも、やめなかった……。

実際、いいかげんな奴だったんですけどね。カクテルブックを何冊も買い込んで、毎日眺めてました。作ってみることはできなくても、名前とかレシピ、由来なんか、覚えるだけでわくわくして。

で、その時、気がついたんです。どの本を見てもホテルニューグランドが出てくる。ニューグランドが出来る前に、横浜にあったというグランドホテルも必ず登場します。それから横浜で最初にできたホテルだという横浜ホテル。

ここにはマコーレーという黒人がバーテンダーを務めるバーがあって、外国人居留地でたいそう人気があったそうです。おそらくこれが日本で最初のバーだったのではないでしょうか。

横浜ってホテル・バーの聖地だ、と思いました。

卒業式の日に、また先生から、おまえ、将来どうする気だ、と訊かれたんです。で、今度はえらく具体的に、ニューグランドのバーテンダーになりますと答えてました。

どうせなら一流を目指そうと……。

先生は本気にしてなかったみたいですけどね。

——でも、太田さんは本気だったんですね？

はい。でもまずはニューグランドに就職しないと、ホテル内のバーで働くことはできないんですよ。それで、ホテルの専門学校に入りました。その頃ですね、ロンドンのサヴォイホテルに行ったのは。

——1889年開業の名門ホテルですね？

カクテルブックの古典と言われる「サヴォイ・カクテルブック」は、このホテルのバーにいた名バーテンダーが1930年に出したんです。読み物としても素晴らしい本ですよ。

ですからどうしても行ってみたくて、アルバイトでお金を貯めて行きました。でも、最初はうっかり、シャツで行ったんですよ。そしたら見事に、ドアマンの段階で止められました。このホテルに入るならちゃんとした格好で、と。

すぐに泊まってた安宿へとって返し、なにかのためにと用意しておいた三つ揃いを着用して、またホテルへ行きました。ええ、ドアマンは笑顔で迎えてくれましたよ。憧れのバーのカウンターに腰掛けて、そこにいた年配のバーテンダーに言ったんです。自分の夢はバーテンダーになることです、だからここへ来たんですと。

そしたらバーテンダーが喜んでくれましてね。いろんなことを教えてくれて、記念にメニューをプレゼントしてくれたんです。嬉しかったですね。素直な熱意って、言葉の壁を超えて伝わるんだと思いました。

だから私も、やる気のある若い人には、訊かれたらなんでも教えます。もっとも、やる気のある人間は、黙っててもちゃんと先輩のすることを見てます。それをしっかりマスターした上で、自分なりの接客術を編みだしていくんです。

で、学校を出て、無事、ニューグランドの入社試験に合格したのが平成六年でしたかねえ。

――よかったですねえ。順調に夢が叶ったんですね。

だといいんですが、そうはいきません。バーテンダーはいま足りてるからって、「ル・ノルマンディ」に配属されました。そこで働きながら、毎年、転属願いを出し続けたんです。だけど何年経っても移動させてくれないんですよ。

正直言って、もうホテルを辞めてどこかのバーへ行こうかと思ったこともありました。でもその時、先輩が飲みに連れて行ってくれましてね。こう言われたんです。

おまえ、自分が客の立場だったらと、考えたことあるか？　せっかく伝統あるホテルのバーへ来たというのに、カウンターにいるのが二〇代の若造だったらどんな気がする？

そうか……と納得しました。

そして待つこと8年、ようやくこの「シーガーディアンⅡ」に配属されたんです。いまでは「ル・ノルマンディ」時代に、料理のこと、ワインのことなど、たっぷり勉強できてほんとに良かったと思ってますよ。

で、それから数年後です、びっくりするような再会があったのは。

――再会……どなたとですか？

ある日……そうですね、まだ開店して間もなくの早い時間でした。入り口の向こうに男の人が立ってるのに気づいたんです。入ろうかどうしようか迷ってる、という気配でした。敷居が高いと思われるのか、わりあい、そういうお客様が多いんですよ。で、「どうぞ、お入りください」と促すために近づいていくと……なんと、高校の時の先生だったんです。向こうも棒立ちになって、「おまえ、太田じゃないか！　ほんとにここへ入ったのか！」って。

先生、ものすごく感激してくれましてね。カウンターに座って、しみじみおっしゃいました。

「じつは今日は俺の誕生日なんだ。おまえは日本一のバーでバーテンダーをやってるんだから、俺のために日本一のマティーニをつくってくれ」

うちの定番に「マティーニ・ニューグランド」があります。マティーニは普通、ベルモットを使うんですが、代わりにシェリーを使うのがここの伝統です。

もう何杯こしらえたかわからないくらい、よく出るカクテルですが、この夜、こしらえたのは、ほんとに幸せなマティーニでしたねえ。

——哀しいマティーニというのもありましたか？

ある時、四〇代くらいのきれいな女性が一人でみえて、マティーニを注文なさいました。で、普通にニューグランド・マティーニをこしらえてお出ししたんです。ところが、それに口もつけずに、「マティーニをもう一杯。アルコールを弱くして」とおっしゃるんですね。

ブレンドしてる時の様子を見て、あの割合じゃいやだ、と思われたのかと緊張しました。そんなに、バーに慣れた感じの方には見えなかったんですけどね。

それで、「お口に合いませんでしょうか」と尋ねたんです。そしたら、かぶりを振って、ちょうど一年前、付き合ってた人と一緒にあの席に座ったんです、とおっしゃるんです。中庭の見える席を指さして。

「彼はここのマティーニが大好きだったんです。でも、亡くなりました。だから、最初のは彼の分。私はあんまり強くないから、軽めで」

どういうお付き合いだったのか、どうして亡くなったのか、そんなことは向こうがおっしゃらない限り尋ねません。でも心を込めて、もう一杯、カクテルをつくりました。

「いらしていただいて、ほんとうにありがとうございました。またなにかの節目に

「シーガーディアンⅡ」太田圭介バーテンダー

は、どうかお越しください」

お帰りになる時そう言いましたら、安心したような笑顔で頷かれました。あれはちょっと哀しいマティーニでしたね。


太田さんの話を伺ってるうちに、わたしもいつの間にか、一人で来ているという緊張感から解放されていました。

ここのカウンターがまた、座り心地がいいんです。片側——客の座っている側が丸く盛り上がっています。そこに腕を置くと、なにかもう、我が家にいるがごとくくつろいでしまいます。

「船のバーって、カウンターがそうなってるんですよ」

と、太田さん。

じつはこのタワー館全体が、巨大な船をイメージしているのだそうです。だからバーも、船内仕様。

「客船というのは、なるべく揺れなくて居心地の良い場所を客室に当ててるでしょ。メインダイニングも、『ル・ノルマンディ』でおわかりのように景色がきれいに見える場所にあります。でも、バーは普通、船の底の方の、よく揺れて船窓に波しぶきがかかるような場所に置かれるんです。だから、揺れでグラスが落ちないように、カウンターの片方が丸く盛り上がってるんですよ」

ほら、これは船用につくられたウイスキーですよと、太田さんはジョニーウォーカーの「スウィング」を出してくれました。ほんとだ、瓶が傾いたまま立ってる！

そんなお喋りを楽しんでいるうちに、最初はわたしだけだった店内もだんだん混んできました。なんだかその人達が、人生という船に乗り合わせた仲間のように思え、この瞬間がいとおしくなりました。

良いバーには、優れたバーテンダーという水先案内人がいて、お酒ばかりか人の心をも、上手にブレンドしてくれるようです。

日本は絹の国だった

大桟橋へ入る交差点の一画にシルクセンターがあります。ここが外国人居留地があった頃の居留地一番です。開港からしばらく後にイギリスのジャーディン・マセソン商会が商館を構え、その建物は「英一番館」と呼ばれました。

シルクセンターにはシルク博物館があります。入り口へ続く階段のそばには「絹と乙女」の像があり、何本もの桑の木に囲まれています。桑の木といえば蚕《かいこ》の食べ物ですね。蚕が繭《まゆ》を作り、繭から生糸《きいと》をとります。

開国から明治、大正にかけて、日本は「絹の国」として世界に名を馳《は》せていました。横浜港で扱う輸出品ナンバーワンの座を長く保ち、横浜には生糸で財を成す商人が何人も誕生しました。

しかし、日本は元から「絹の国」だったわけではありません。同じ頃、緑茶も生糸と双璧をなす日本の輸出品でしたが、じつは両方とも、歴史のタイミングが日本に運を運んできました。

お茶のことは「アフタヌーン・ティー」の項に譲り、ここでは生糸の話をしましょう。

19世紀の半ばまで、生糸のおもな産地であり輸出国だったのは、イタリア、フランス、そして中国です。ところがちょうど日本の開国前あたりから、ヨーロッパに蚕の病気が蔓延《まんえん》しました。さらに中国は列強国に荒らされ、内乱も起きて産業がすっかり衰退していました。そこで突然、開国したばかりの日本にスポットが当たったのです。日本は昔、生糸を中国から輸入していました。養蚕《ようさん》もそれほど盛んではなかったし、中国ほど品質の良い生糸を得ることもできなかったからです。

しかし鎖国という事情もあって、日本も江戸時代に入ると養蚕に力を入れ始めました。品質改良も積極的に行われ、開国した頃には、どこへ出しても恥ずかしくないだけの優れたものになっていました。

生糸が売れるというので、関東一円に桑畑が広がり、養蚕農家がいっきに増えました。とれた生糸を日本人商人が買い付け、横浜へ持ち込み、外国商社に売ります。やがてナイロンやレーヨンが登場するまで、生糸は日本を、そして横浜を潤《うるお》しました。その痕跡はシルク博物館以外にも残っています。

関内の馬車道を万国橋の方へ歩いて行くと、左側にレンガ色の壁柱が特徴的な横浜第二合同庁舎が現れます。この建物は1926年（昭和二）、生糸検査場として遠藤於《お》兎《と》の設計で建設されました。正面玄関の上部を見上げてください。優美なレリーフの真ん中で、蚕の成虫である蛾が羽を広げています。

八王子＝東神奈川を結ぶJR横浜線も、じつは生糸のためにできた鉄道でした。明治四一年（1908）、信州や八王子あたりで生産されていた生糸を横浜へ運ぶために敷設されたのです。

その後、陸上交通の発達などで本来の目的には使われなくなり、JRの旅客線に変わりましたが、横浜線の沿線は、横浜における絹の道――シルクロードだったのです。

もうひとつ、忘れてはならないものがあります。

明治六年（1873）、ウィーンで万国博覧会が開催されました。三五ヵ国が参加していますが、日本も初めて公式参加しました。

この時、政府からただ一人選ばれ、輸出絹物商人総代としてウィーンへ渡ったのが、横浜で「S・SHOBEY Silk-store」を営んでいた椎野正兵衛です。西洋文化における絹物を視察研究してきた正兵衛は、さまざまな輸出用絹製品を創り出します。中でも横浜の大きな産業になったのがハンカチーフでした。それが発展したのが、世界的なブランドとなった横浜スカーフです。

手捺染《てなっせん》と呼ばれる手作業で、一枚一枚、染め上げていく伝統工芸の技。横浜の歴史や名所を描いた図柄も多くあります。外国から入ってきたファッションを、より洗練されたものにして外国へ出す……横浜はそういう街だったのです。

横浜第二合同庁舎正面玄関のレリーフ

behind the hotel new grand ＊ホテル・スタッフの打明け話

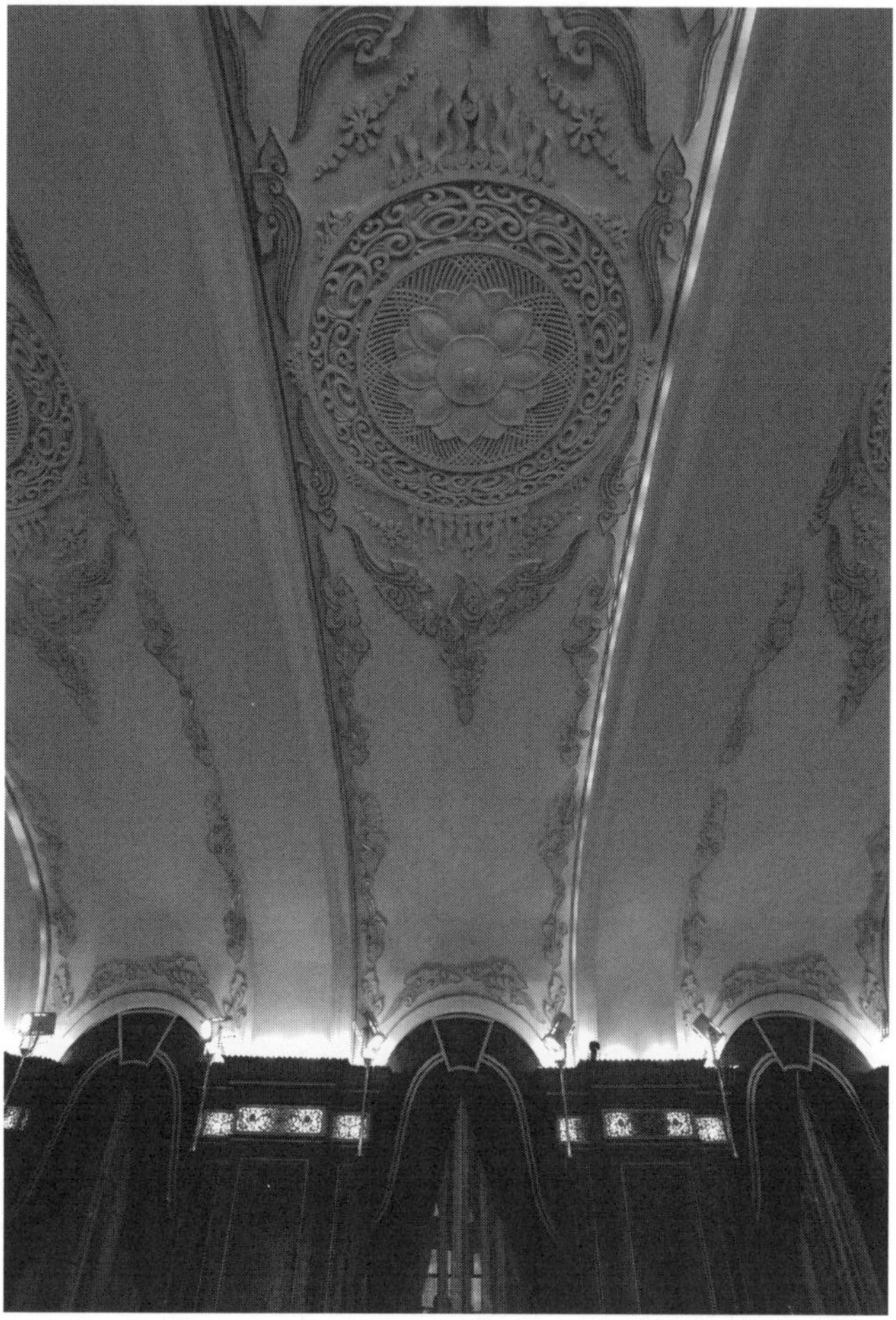

プロの線引き

結婚式の相談で困ることですか？　そうですね、両家族それぞれ、こうしたいという希望を持ってらっしゃいますよね。一致すればいいんですけど、そうじゃないケースもあります。

双方で話し合って解決してくださるといいんですが、お互い遠慮やら警戒やらがあるのか、直接相手に言えない。で、両方から「うちはこうしたいから相手に伝えてください」と言われるんです。

でもこれ、へたをすると「言った、言わない」という難しい話になりかねませんよね。ご両家に心配りをすると同時に、微妙な線引きも必要なんですよ。

（ウェディング・プランナー・Tさん　在職15年）

＊

ここで挙式するわけは

ニューグランドで挙式するメリットですか？　なんといっても第一はホテルの歴史でしょう。親子三代ここで挙式したという方も少なくありませんから。

お母さんのドレスをリメイクして着たり、家族三代の写真を式場の入り口に飾ったり、というケースもけっこうあります。横浜の歴史とともに歩んだこのホテルに、自分の家族代々の歴史もある……いいですよね、そういうのって。

自分もこの街と、この人々と一緒に歴史を歩んでる、という気がして身が引き締まります。

第二は料理。もう堂々と自慢しちゃいますけどね、宴会といえども、うちは絶対レトルトとか真空パックのものなんか使いませんから。全部、手作り。だからすごく評判いいです。

あと、「絵になる」。これけっこう大事ですよ。本館ロビーの階段は、ファッション雑誌や映画なんかで有名でしょ。

映画は石原裕次郎と浅丘ルリ子主演の「赤いハンカチ」、三谷幸喜監督の「有頂天ホテル」、それからテレビドラマの「華麗なる一族」とか、いろいろありましたねえ。

その階段に立ってポーズを撮ると、花嫁さんはもう絶対、一幅の美しい絵になるんです。映画スターやモデルさんみたいに。

ぜひ、一年ごとにあの階段で記念写真を撮っていただきたいですね。


（宴会・Kさん　在職20年）

＊

アフタヌーンティーと横浜のお茶場

ミステリーの女王、アガサ・クリスティーをご存知でしょうか。わたしの大好きなイギリスの女性作家です。

「オリエント急行殺人事件」「ナイル殺人事件」など、日本でも大ヒットしたハリウッド映画の原作者として、その名を知った人もいるでしょう。

彼女が創り出した探偵、エルキュール・ポアロやミス・マープルもテレビ・シリーズになっています。そうそう、彼女自身の失踪事件を題材にした「アガサ　愛の失踪事件」という映画もありましたね。

わたしが初めてクリスティーを読んだのは、小学校高学年の頃でした。すでに世界的なベストセラー作家。当時で五〇冊ほどの本が出版されていました。眼につく限り、夢中で読みまくったものです。

ミステリーですから、ストーリーのおもしろさはもちろんですが、それに勝るとも劣らずわたしを魅了したのはゴージャスな背景です。タイトルにはたいてい「殺人事件」という物騒な文字が入っていますが、血なまぐささはさほど感じません。それを凌駕《りょうが》するだけの華やかな世界が描かれていたからです。

豪華客船、豪華列車、豪華ホテル、ワールドブランドの食器やバッグ、ファッション……。あの頃、そうしたものに触れていた日本人は、ごく一部でした。ことに、わたしのように地方に住んでいた者は、眼にする機会すらありません。だからこそ、うっとりとクリスティーの世界に浸り、このうちの一つでもいいから、いつか体験できたらと夢見ていたのです。

「バートラム・ホテルにて」を読んだのは、二〇代になってからでした。

舞台となるバートラム・ホテルはもちろん架空のものですが、モデルになったのは、ロンドンでもっとも由緒あるホテル「ブラウンズ」だと言われています。

「高い品格があって、地味で、めだたないぜいたくさ」を持つバートラム・ホテルの常連客は、「高位の聖職者」「地元在住の爵位を持った未亡人」「お金のかかる社交界へ出るべく花嫁学校休暇中の若い娘さん」など。

玄関では元帥かとみまごうほど立派な押し出しのドアマンが、完璧な態度と身のこなしで客を迎えます。ロビーは重厚で落ち着いたエドワード王朝風。石炭の暖炉がふたつあり、どんな体型、どんな体調の人でも心地よく腰を落ち着けられるよう、さまざまな種類の椅子が用意されています。

紋章のついた銀製のトレイに銀製ティーポット。紅茶はあらゆる品種の最上級のみ。その場を仕切っているのは、外見から動きまで一分の隙もない給仕長。常連達は毎日のようにこのロビーへやってきて、アフタヌーンティーと呼ばれる午後のお茶を楽しむのです。

私がこの物語を読んだ時、日本は高度経済成長を遂げつつありました。子供の頃、クリスティーの世界でかいま見たものの多くは、お金さえあれば体験できるようになっていました。

けれども、お金では買えないものもあります。それは「洗練」です。バートラム・

ホテルのような場所でのアフタヌーンティーに加わるためには、お金持ちか否かにかかわらず、物腰や会話、服装などが洗練されていなければなりません。

アフタヌーンティーは貴族から庶民まで楽しんだ「午後のお茶」ですが、発祥の地であるイギリスでは、「場」にふさわしいありかたが尊重されていたのです。

それは日本のお茶でも同じですね。「ああ、喉が渇いた！」と、ごくごく飲むお茶もあれば、作法にのっとった茶道もあります。

ハイグレードのアフタヌーンティーを始めたのはヴィクトリア朝の貴族夫人、アンナ・マリアだと伝えられています。

当時の貴族達は夜も九時をまわった頃から夕食を摂りました。観劇などを終えてから、ゆっくり食事を、ということだったのでしょう。

でもそれではおなかがすきます。昼下がりのお茶に軽食をつけ、ついでに友達を招いてお喋りでもしましょうよ、ということから始まり、プチ・ホームパーティーのような形式となりました。

貴族なら、使用人がなんでもやってくれるから楽でしょ……と思うのは間違いです。

ホームパーティーにおける女主人は、社交のプロでなければなりません。アフタヌーンティーは、そのプロとしての腕を競い合う場でもありました。

メインの紅茶と軽食はもちろんのこと、室内のインテリア、使う食器などを選ぶのは女主人の役目。高価なものならいいというわけではありません。どれだけ客をくつろがせ、かつ、品の良い雰囲気をつくりだすことができるか。会話をどうリードしていくか。その総合的なセンスが試されます。

アフタヌーンティーはこうして、時代の流行から伝統にまで発展していきました。

いま、ニューグランドの「ラ・テラス」でアフタヌーンティーを注文すると、三段になったティー・スタンドが登場します。果物、数種類のプチケーキ、サンドイッチ、スコーンとポテトチップス。スコーンにつけるクロテッド・クリームとジャムも添えられています。

ものの本によると、昔のイギリスでは上段がスコーン、中断がケーキ、下段がサンドイッチ。食べる順番も、サンドイッチ、スコーン、ケーキというふうに決まっていたそうです。

でも時は移り、三段の内容も店によって少しずつ変わってきました。順番ももちろん自由です。ではどこに伝統があるのかというと、サンドイッチとスコーン、ケーキの三種が必ず入っていること。そしてサンドイッチにはキュウリが使われていることです。

キュウリ？　なぜ？　わたしも首をかしげました。キュウリは温暖な気候の土地でないと栽培が難しく、当時のイギリスでは温室を持ち、庭師を抱える貴族でなければ手に入らないものでした。日本人にとっては意外ですが、ヴィクトリア朝ではステイタス・シンボルだったのです。

三段スタンドのものは、三、四人でいただくのがちょうどいいかもしれません。もう少しボリュームを抑えたい場合は二段スタンドもあります。スコーンと紅茶で一人静かに……というアフタヌーンティーもいいですね。

ニューグランドのカフェ、「ラ・テラス」には六種類の紅茶と四種類のハーブティーが用意されています。アルコールが軽めで口当たりのいいカクテル「ミモザ」も合います。

私はここで「マローブルー」という、喉に良いハーブティーと巡り会いました。黄昏時の、まだ青みが残っている空のような色のお茶です。

「茶葉は薄紅葵《べにあおい》の花なんですよ。これは別名がありまして、夜明けのハーブティーというんです」

店のスタッフが教えてくれました。

「なぜですか？　明け方に飲むといいとか？」

尋ねると、彼女はいたずらっぽく微笑して言いました。

「一口、味わってから、レモン・スライスを入れてみてください。意味がわかりますから」

言われた通りにしてみると、不思議な現象が起こりました。夜のとばりを開けて朝の太陽が顔を出すかのように、ブルーから薄いピンクへと鮮やかに色が変わったのです。もちろんその後は、得意になって「マローブルー、知ってる？」と、友達に教えています。

横浜のお茶場女

茶を喫す……つまり喫茶の習慣は、茶の原産地である中国から始まりました。一七世紀の頃には、薬効がある上においしい飲み物として、世界中に広まっていました。日本でも室町時代あたりまで茶は限られた階級の飲み物でしたが、江戸時代に入ると、庶民もそれなりの茶葉とお茶請《う》けで、日常的に楽しむようになったようです。

日本で良質の茶葉がとれることを、欧米諸国は早くから知っていました。とりわけ、その茶葉を欲しがったのがアメリカです。南北戦争が終結し、アメリカ人はようやく、ゆとりを取り戻していました。衰退していた海運も復活し、1867年（慶応三）にはサンフランシスコ―横浜の定期航路も開通しています。日米間で茶貿易が始まる要素は揃《そろ》っていました。

アメリカが買ったのは緑茶です。当時、アメリカでは緑茶に砂糖やミルクを入れて飲んでいたといいますから、日本人からすると不思議な味覚かもしれません。

でも需要があるなら応えようじゃないかと、日本は大急ぎで茶の栽培を拡大しました。

本場であったはずの中国は、列強に荒らされた上に内乱が起き、産業どころではありません。生糸と同じことが茶でも起き、日本は茶の一大生産国であり輸出国にもなったのです。

製茶の売り込み商人が静岡や三重などの産地で茶を買い、横浜へ運び入れます。横浜の外国商社が品質を検査し、計量します。外国商社の多くは、商館の敷地内もしくは近くに、お茶場と呼ばれる焙煎工場を持っていました。

茶葉は産地で乾燥してから横浜へ運ばれてきます。けれども乾燥が充分でないと、すぐに品質が落ちてしまいます。当時は船で何日も掛けて外国へ運ばれるのですから、再度、横浜で焙煎しなければ、充分な乾燥になりません。

お茶場は石造りの平屋で三百坪くらいあるものが多かったといいます。内部には大きな鉄鍋を載せた炉が、びっしりと並んでいました。炉の下で盛大に火を燃し、鉄鍋に茶葉を入れ、手で掻《か》き回します。

その仕事に従事しているのは女達でした。茶葉が採れる四月から八月にかけて、ま

横浜亜三番商館繁栄之図（横浜市中央図書館所蔵）
日本大通りにあり、お茶の輸出で栄えたスミス・ベーカー商会

だあたりが薄暗い早朝のうちに、近隣から女達が集まってきます。場所は横浜公園です。その数は二千人に達したそうですが、お茶場の数からいって、需要はいくらでもあったでしょう。

各商館のお茶場から横浜公園へ、人集めの男がやってきます。彼らは女達に向かって、大声で日当を告げます。明治五、六年の頃で、日当の平均は天保銭《てんぽうせん》十六、七文《もん》。まあ、家族が四人いたとして、ぎりぎり、食べられる程度でしょうか。

灼熱の中で10時間から12時間も鉄鍋を掻き回し続けるというきつい仕事です。暑さで倒れる者もいました。仕事が終わると、茶葉に混ぜる色素や煤《すす》で、どの顔も青黒くなっています。女達は顔を洗い、汗まみれの着物を着替えて外に出るのですが、この時、厳しいボディチェックがあります。茶葉を持ち出していないかどうか調べるのです。

ちょっとでも隠し持っていようものなら、裸にされ、洗ったくらいでは落ちない油墨を顔に塗られ、外に放り出されたといいますから、過酷な職場でした。

慈悲じゃ情けじゃ開けておくれよ火番さん
今日の天保をもらわなきゃ
ナベ・カマ・へっつい皆休む。

といった哀切な「お茶場歌」が残っています。横浜港をうるおした茶貿易は、こうした女達の労働に支えられていたのです。

大きなお茶場には工房が併設されていることもありました。工房には専属の画家や版画の刷り師などがいて、輸出用のお茶を入れる茶箱のパッケージをデザインしていました。いま見てもモダンで美しいそのパッケージは「蘭字《らんじ》」。

当時、中国語で茶箱に描かれる絵のことをそう呼びました。お茶場を仕切っていたのはほとんどが中国人だったので、彼らと共にその言葉も日本に伝わったのです。

横浜の茶貿易は明治三〇年代まで隆盛を誇りました。やがて静岡や三重など、茶の産地に港が開かれると、輸出の中心もそちらに移っていきます。

山下町は外国商館が多く建ち並んでいたところですが、そこにお茶場があり、おびただしい数の女達が働いていたことを、忘れたくはないものです。

氷川丸の数奇な年月

ニューグランドに泊まるなら、ぜひお勧めしたいのが早朝の散歩です。頑張って六時頃に外へ出てみてください。

いつも人で賑わっている元町も中華街も、がらんとしてほとんど人影がありません。知らない国の知らない町に来たような、不思議な感覚にとらわれます。ドアの脇にぶらさがった鉄製の絵看板、そこだけ湯気が昇っているお粥《かゆ》屋、自分の足音だけが響く舗道……なにもかも、驚くほど新鮮に感じられるのです。

わたしはといえば、自分にとって横浜の原点となった場所、山下公園を、この時間帯にゆっくり歩くのが好きです。赤い靴の女の子像、かもめの水兵さんの歌碑など、普段はつい見過ごしがちなものも、こういう時はちゃんと目に入ります。

広い公園には見所がたくさんあるのですが、いつまで眺めていても飽きないのは、氷川丸でしょうか。

タワー館18階のチャペルで、ニューグランドのスタッフからこんな話を聞いたことがあります。

「ある結婚式に出席なさったお客様の中に、アメリカ人のご婦人がいらっしゃいました。かなり年配ではありましたが、きれいな銀色の髪、整った顔立ちが印象的で、若い頃はさぞかし美人だったのでは、と思わせる方でした。式が終わって、皆さん、披露宴の会場に移動してらっしゃるのに、その方だけ、この窓から動こうとなさらないのです」

スタッフは声を掛けました。何をごらんになってらっしゃるのですか、と。

「氷川丸」

彼女は答えました。そして、きれいな日本語で続けました。

「子供の頃、私はあの船でアメリカから日本に来たの。そして一八歳の時、あの船でアメリカに帰ったの。日本にいたかったけど戦争が始まったから……。大事な人とも会えなくなったのよ、それっきり」

声が震えていたので、スタッフはそっと、彼女の横顔に目をやりました。彼が見たのは、頬を伝う一筋の涙。

もはやチャペルには二人以外、誰も残っていませんでした。でもスタッフは急がせることなく、彼女が窓辺を離れるまで、少し離れたところで、じっと待っていたそうです。

一流ホテルさながらの設備やインテリアを備え、充実した食事、エンターテイメントなどで船旅そのものを楽しむことのできる大型客船を、豪華客船と呼びます。20世紀初頭、海運を誇る世界の各国で、豪華客船が次々と誕生しました。1912年に竣工し、処女航海で無残な最後を遂げたタイタニック号もそのひとつです。

日本は少々出遅れていたのですが、東洋汽船と日本郵船が合併したことで、いよいよ世界に伍《ご》する豪華客船の建造が始まりました。

1929年（昭和四）の浅間丸に始まり、1930年（昭和五）には龍田丸、秩父丸が建造されました。この三隻は横浜―サンフランシスコ航路です。

1930年にはさらに、横浜―シアトル間を結ぶシアトル航路のために三隻の船が建造されました。その中の一隻が氷川丸です。

総トン数1万1622トン、速力15ノット。巨大というわけではありませんが、モダニズム溢《あふ》れるアール・デコ調の内装、行き届いた接客は、旅慣れた外国人客にも高く評価されました。

シアトル航路は荒天で知られていたので、荒波に耐えられるよう、船の胴壁が通常のものより分厚く造られているのも特徴です。

処女航海でシアトルに入港した際には、シアトル市民の大歓迎を受け、停泊中に約3万人もの見学者が船を訪れたといいます。

華々しいスタートを切り、喜劇王チャップリンをはじめとして多くの船客を満足させた氷川丸でしたが、その後、波乱の時を歩むことになります。

1937年（昭和一二）、日中戦争が勃発しました。やがてそれが太平洋戦争へと拡大していくわけですが、そうなると当然、敵国となったアメリカへの航路も閉鎖されます。

アメリカをはじめとする連合国の人々が、こぞって日本を出て行き、逆に連合国にいた日本人も、そこから引き揚げてきました。客船としての氷川丸が最後に運んだのは、シアトルから引き揚げてくる368人の日本人達でした。

これはわたしの想像ですが、ニューグランドのチャペルから氷川丸を眺めて涙ぐんでいたという老婦人は、子供の頃、親の仕事の関係で日本へやってきたのではないでしょうか。

シアトルから氷川丸に乗り、楽しい船旅を経て横浜へ着きました。そのまま横浜で暮らし、日本人の友達もでき、一八歳の美しい少女に成長した時、戦争という悲劇に見舞われたのです。

アメリカに引き揚げるため、彼女は再び氷川丸の客となります。その時、別れなければならなかった「大事な人」とは、どういう間柄の人だったのでしょう。友達？

船内をご見学いただけます
HIKAWA MARU

それとも恋人だったのでしょうか。

戦争中、氷川丸は特設病院船として政府に徴用されました。それまで黒だった船体は純白に塗り替えられ、船腹には緑色の長いライン。煙突には赤十字のマーク。船の内部も豪華客船から病院仕様に変わり、院長室、手術室、病室などが配されました。氷川丸と同じ年に誕生した日枝丸と平安丸も、それぞれ特設運送船、特設潜水母艦として徴用されました。そして哀しいことに戦没しています。

病院船は、どこの国の船であろうと攻撃してはいけないと、国際法で決められていました。それでも襲撃されることは珍しくありません。氷川丸も何度か危険に遭遇しながら、傷ついた兵士達の治療を続けました。

兵士達は氷川丸のことを、その純白の姿から「白鳥」と呼んだそうです。ほとんどの船が就航停止になったり撃沈されたりした中、氷川丸はまさしく、神々しく雄々しい白い鳥のように戦火の海を航行し、多くの兵士達の命を救ったのです。

戦争が終わり、二年経った1947年(昭和二二)、氷川丸は貨客船に戻り、北海道航路を就航しました。外国航路に復帰したのはそれからさらに二年後の１９４９年(昭和二四)。再びシアトル航路を走るようになったのは１９５２年(昭和二七)のことでした。

長い勤めを終えて引退したのは１９６０年(昭和三五)。いったんは解体の話も出たものの、多くの横浜市民の強い要望により、山下公園で観光船として係留されることになりました。何度か塗り替えられた船体の色も、もとの黒に戻りました。

ユースホステルとして大勢の客を泊めた時代もあります。いったん閉鎖されたこともありました。現在は博物館・イベント船として横浜の観光名所になっています。

関東大震災時の瓦礫を埋め、山下公園が誕生したのは１９３０年(昭和五)。氷川丸の誕生と同じ年です。両者は寄り添うようにして、昭和から平成へと移り変わった横浜の歴史を、いまも見守っているのです。

インド水塔が山下公園にあるわけ

ニューグランド周辺には〝異国〟がたくさんちりばめられています。山下公園にあるのはインド。青銅のドーム屋根がついた、石造りの「インド水塔」があります。関東大震災の時、横浜にいたインド人が116人も被災しました。死者も28人に及んだといいます。その折りに横浜市民から受けた親切に対して、1939年（昭和一四）、在日インド人協会から寄贈されました。

小さいけれど横浜市の認定歴史建造物に指定されています。通りすがりに外から見るだけではもったいないので、ぜひ中へ入ってみましょう。

白いレリーフに囲まれ、天井には美しいモザイクタイルの花が広がっています。床もモザイク模様。まるでイスラム寺院のようです。

水塔と名付けられているだけあって、当初は公園を散歩する人達の水飲み場でもありました。いまは水道が止められ、歴史のモニュメントとしての役割を果たしています。

それにしても、横浜にはそんなにインド人がいたのかと、あらためて驚きます。じつは横浜とインドは、明治の頃から強いつながりがありました。

横浜が開港した頃、インドはイギリスの植民地でした。古い文明を持ちながら、ヨーロッパ列強の侵略により国が疲弊していた、という点では、中国と事情が似ていますね。

ヨーロッパ人の使用人として、また独立した商人として、インド人が続々と渡日し、その多数が横浜に根を下ろしました。

1893年（明治二六）に横浜―ボンベイ（現ムンバイ）航路開設。1904年（明治三七）、日印通商航海条約調印。つながりは年を追って深くなります。

このころ、横浜港の主要輸出品だった絹織物は、その三割がインド商人の手に渡りました。艶やかに染色された絹織物は、女性のサリー、男性のドーティーとして珍重されたばかりか、インド商人が出入りする国々の人にまで広く行き渡ったのです。

しかし1923年（大正一二）、その密な関係に大きな影を落とす出来事が起こりました。関東大震災です。

インド商館も倒壊し、前記のように多くの死者も出ました。60軒ほどもあったインド商社のほとんどが会社を神戸、大阪に移しました。やむをえない事態です。横浜の中心部は、波止場をはじめ、壊滅状態だったのですから。

このことは横浜の絹織物業界に大打撃をもたらしました。去っていったのはインド商人だけではありません。彼らと取引のある日本の業者も、一緒に神戸、大阪へと移りました。

しかしインド商人達は、移り先で問題を抱えることになります。神戸、大阪には、横浜に匹敵するだけの、絹の染色技術がなかったのです。

そこで日本絹業協会は横浜市に働きかけ、融資を受けて山下町の一画にインド商人達のための店舗兼住宅を建設しました。こうして再び、彼らは横浜に戻り、腰を落ち着けることになったのです。

インド人の商館がもっとも多かったのは、山下町76番地。ロイヤルホールやローズホテルのある通りを開港道と呼びますが、そこから本町通へ通じる路地のあたりです。ここはインド人街と呼ばれました。

1937年（昭和一五）の「横浜市商工案内」によると、旧山下町居留地に事業所を持つ貿易業者は、一位が欧米系で61、二位が日系で52、三位がインド系で41。そして四位が中国系の9ですから、震災後もインド商人の活躍は順調に続いたということです。

大震災時の救援、横浜復帰を願う活動、さらには友好の継続という意味も込めて、インド商人達は、山下公園というたいへん意味のある場所に美しい水塔を贈りました。

その後、太平洋戦争が勃発し、英領インドに属する在日インド人が微妙な立場に立たされたこともあります。

しかし日本がインドの独立を支持し、戦後は横浜が大震災の時と同様、インド商館復帰策を講じたこともあり、友好関係は変わらず存続しました。

毎年、大震災のあった9月1日には、横浜ムンバイ友好委員会の主催により、このインド水塔でインド人震災犠牲者の追悼式が行われています。
ちなみに、ムンバイと横浜は姉妹都市にもなっています。

やっぱりジャズでしょ、横浜は

1854年三月八日（嘉永七年二月十日）、横浜村の人々は、歴史が大きく変わる瞬間を目撃しました。

沖には巨大な黒船艦隊。村がある砂洲と艦隊の間には、おびただしい警備船とボートの群れ。そのボートから続々と上陸してくるのは米国海軍の兵士達。

400人を超す兵士達は全員、青と白の制服に身を固め、上陸するやいなやサーベルを捧げ持って整列しました。

最後に悠然《ゆうぜん》とボートから降り立ったのは艦隊を率いるマシュー・ペリー提督です。

彼が浜に足を着けたその時、村の人々は初めて耳にする音を聴きました。

高らかに響くトランペット。艦隊に随行する軍楽隊が管楽器、太鼓、フルートやシンバルなどで「ヘイル・コロンビア」という曲を演奏したのです。

横浜に初めて西洋音楽が流れた瞬間でした。

その後、開港場となった横浜では、洋楽器の製作も行われるようになりました。明治も半ばになり、蓄音機が日本にも登場すると、外国人の多い横浜には洋楽のレコードがいち早くもたらされたことでしょう。

明治の後期から大正時代にかけて、本牧の小港、石川町の大丸谷坂《おおまるだに》あたりには「ちゃぶ屋」と呼ばれる横浜独特の娼館がありました。一階にホールとカウンターがあり、二階に個室が並ぶという、西部劇に出てくるバーのような造りのものが多かったようです。

ホールの蓄音機からは洋楽が流れ、客と娼妓《しょうぎ》がそれにあわせて踊りました。ジャズという音楽形態がアメリカで誕生したのもこの頃です。ニューヨーク、シカゴを中心に「ジャズ・エイジ」と言われるほど爆発的な流行をみました。

そのアメリカでジャズ・バンドをスカウトし、日本に連れてきたのが、当時、美貌と芸で圧倒的な人気を誇った女性奇術師、松旭斎天勝《しょうきょくさいてんかつ》です。

伊勢佐木町にあった芝居小屋「喜楽座」で、天勝はジャズ・バンドの生演奏、若い女性ダンサー達によるラインダンス、寸劇などを盛り込んだ華やかなショーを展開し、新しもの好きなハマッ子達を熱狂させました。

昭和に入るとジャズファンは急速に数を増していきます。日本人のジャズバンド、ジャズ歌手も登場しました。

ところがほどなく戦争が勃発します。ジャズは敵性音楽として禁止の憂き目をみることになりました。

やがて戦争が日本の敗戦で終わると、焼け跡になった横浜の中心地は米軍に接収され、そこに米軍基地や米軍住宅が建ちました。焼け残ったビルも接収され、米軍が使用しました。

高級将校の宿舎兼娯楽場となったニューグランドもそのひとつです。

横浜にとって辛い記憶のひとつではありますが、ジャズの復興と発展も、まさにそこから始まりました。米軍と共に、横浜には最先端のジャズが上陸したのです。

中区の野毛に「ちぐさ」というジャズ喫茶がありました。1933年（昭和八）にできた店です。店主は吉田衛《まもる》さん。日本のジャズ史を語る上で忘れてはならない名前です。

ジャズをこよなく愛し、6500枚ものレコードを所有していた吉田さんは、戦時中、何度も憲兵隊の取り締まりにあいました。ついには強制提出の命令を受けたのですが、500枚だけ出し、残りは天井裏に隠しました。

兵隊として召集され、中国へ派遣されてもなお、そこが僻地《へきち》だったのをさいわい、仲間の兵隊とジャズバンドを編成し、兵士達の慰問活動を行っていたそうです。

終戦になって横浜に戻ると、店は屋根裏のレコードもろとも空襲によって消滅していました。

けれども吉田さんはめげません。米軍が将兵慰問のために出したVディスクというSP盤を中心に、手に入る限りのジャズ・レコードを買い集めました。

この頃、ジャズのレコードはたいそう高価で、しかも基地を通じてでないと手に入りにくいものでした。「ちぐさ」へ行けばジャズが聴けるというので、ジャズファン達はこぞって横浜へ通ったといいます。

その中から、渡辺貞夫、穐好《あきよし》敏子をはじめとするジャズ・プレイヤー達が巣立っていきました。譜面などありません。コーヒー一杯でむさぼるようにレコードを聴き、耳で曲を覚えるのです。

吉田さんは彼らをあたたかく見守り、何度でも、繰り返しレコードを掛け続けました。

「ちぐさ」で育った若きプレイヤー達が、1954年（昭和二九）、伊勢佐木町の「モカンボ」というジャズクラブで行った真夜中の熱いジャム・セッションは、「モカンボ・セッション」としていまも語り継がれています。

米軍の接収が解除され、横浜にあった外国商社や領事館などが東京へ移って行くにつれ、ジャズの生演奏を聴くことのできたクラブも横浜から徐々に姿を消していきました。

伝説のジャズ喫茶「ちぐさ」も2007年（平成一九）に閉店を迎えています。

しかし、横浜がジャズの街であることに変わりはありません。本牧をはじめとして複数の場所で定期的にジャズ祭が開催されているほか、毎年一〇月には、いまや世界的に知られるようになった「横濱ジャズ・プロムナード」が行われています。

国内外のジャズ・プレイヤーが集結し、横浜中心部にあるホール、ライブハウスなどで一斉にプレイ。街中がスイングするかのような楽しいイベントです。

その運営を支えるのはたくさんの市民ボランティア。

いまも昔もジャズが好きなのです、ハマッ子は。

ホテルの雰囲気を創るのは

昔は、レストランのお客様、みんな正装でした。上着を着てらっしゃらないとお断りしたんです。ジーンズなんかの軽装だと、もう玄関の時点でね。

いまはどんなホテルでも、軽装で気軽に入れるようになりました。うちも例外ではありません。

でも、私は残念に思っています。だって、ニューグランドに憧れて、やっと来ることができたというお客様もいらっしゃるんですよ。ホテルのためじゃなくて、そういうお客様のために、「きちんとしたホテル」でありたいと思うんです。

リラックスできるホテルでありながら、ちょっと背筋が伸びて、それがとても心地良いと思える……そういうホテルでありたいから、どんな時代であろうと、自分で心に一線を引いています。

ここまでは許せるけど、これ以上は、お客様のために良くないでしょうと。ええ、はっきりそう言います。

ホテルの雰囲気は、ホテル側とお客様、ハーフ&ハーフで創りあげていくものなんです。

（企画・Wさん　在職38年）

スカイチャペルのプロポーズ

このホテルのチャペル、18階にあるんです。最高のロケーションです。昼間ももちろんですが、夜景がまた言葉に尽くせないほど美しい……って、結婚式は昼間だから、夜はここ、使ってないんです。

もったいないでしょ？

でもじつは、ここでプロポーズすることができるんです。はい、このチャペルを、夜、二人っきりで独占して……。

宿泊とセットになったスペシャルメニューです。予約はプロポーズする側――いまのところすべて男性でしたが――が、なさるのですが、電話やメールで綿密に打ち合わせします。

部屋に飾る花とか、プロポーズが成功した時、彼女に渡す指輪の預かりとか……。

もちろん、彼女には内緒で。

当日、彼が彼女をチャペルへ連れて行きます。ほかの人が来ないよう、エレベーターも一基、貸し切りです。

先に彼がチャペルで待ってて、あとからいらした彼女を、ホテルマンがさりげなくチャペルにご案内することもあります。そこでなにが起きるかは、もちろん、彼と担当のホテル・スタッフしか知りません。

で、暗いチャペルに入ると、夜景を邪魔しない程度の照明がふわっとつくんです。色も前もって打ち合わせておきます。紫とかピンクとかブルーとか、選べますから。

彼は彼女をチャペルの奥へいざない、ベイブリッジからみなとみらいへと広がる、ええ、ほんとに息を呑むような夜景を見せます。そして、サプライズ・プロポーズをするのです。

私達スタッフは、別の場所でどきどきしながらその結果を待っています。いやもう、みんな、祈るような気持です。どうか成功しますように……と。

で、結果が、彼から電話で入るんです。嬉しいことに、これまではすべて大成功でした。彼女がオーケーしてくれたんです。

もう我がことのように嬉しくて、ある時なんか、スタッフみんなで「わーっ」とチャペルに集まって、大拍手しました。

女性の側からプロポーズ？　もちろん、そういうのもいいと思いますよ。男って気が弱いんです。失敗したらどうしようって、怖くてしょうがないんです。

好きな女性から「チャペルで二人っきり」を演出してもらえたら、案外、彼女より先に、彼が「結婚してください」って思わず言っちゃうかもしれませんね。

このチャペルは結婚式場ですからね。結ばれた恋人達のオーラで満ちてるんです。

（ベルデスク・Sさん　在職18年）

*

秘密のハッピー・スポット

ニューグランドに泊まったら、あるいは食事かお茶に立ち寄ったら、ついでに周辺を散歩しましょう。この本を読んでくださったあなたにだけ、ハッピー・スポットをこっそりお教えします。

「全部知ってる、全部見た！」という、あなた。

たいへんな横浜マニアです。

幾つか知ってた、という、あなた。横浜マニアになる可能性大です。

どれも知らなかった、という、あなた。嬉しいです。教え甲斐があります。

ハッピースポットの使い方はいろいろ。ちょっと哀しい時、元気をもらいに来るも良し。人に教えていい気分になるも良し。

わたしの場合は、もちろん両方です。

♣マリンタワーの隠し文字

マリンタワーは1961年（昭和三六）に開業しましたが、その後、横浜開港150周年にあたる2009年（平成二一）リニューアル・オープンしました。

一階のエントランスには山下清画伯の絵をもとにした大きな壁画があります。これは1961年の開業当初に制作されたもので、25万個のガラスモザイクタイルを使っています。ガラス職人たちが、ひとつひとつ手作業で嵌《は》め込んだものです。

壁画は二枚ありますが、「横浜の今」というタイトルがつけられた方を、吹き抜けになった二階からじっくりと眺めてみてください。

あら不思議、幾つかのアルファベットが浮かび上がってきます。

じつはこれ、職人さんやアルバイトの大学生による秘密のいたずら。自分のイニシャルを入れた職人もいれば、恋人の名前をそっと埋め込んだアルバイトの大学生も……。

60年代初頭の恋は、その後、どんな展開になったのでしょう。こんなところに愛の印を刻んでもらえるなんて、ちょっと羨《うらや》ましいですね。

♣〝愛〟はひとつだけじゃない

〈その一〉　山手にはアメリカ山公園やイタリア山庭園がありますが、フランス山公園もあります。谷戸坂の脇から、フランス山へ登ってみてください。

開港の頃、ここにはフランス軍が駐屯していました。1896年（明治二九）から関東大震災まで、フランス領事館と領事官邸もありました。

石畳の広場に、青い鉄骨を組んだものがあります。これはパリの中央市場の鉄骨だったものです。

森の中のような公園には、「ボーリング発祥の地」「クリーニング発祥の地」の碑、そして、1977年（昭和五二）に起きた米軍機墜落事件の犠牲者母子がモデルの「愛の母子像」があります。

関東大震災で倒壊したフランス領事館跡には、赤い風車。この風車は井戸水を汲み上げるためのものだったそうです。

ではその井戸は……と見れば、ありました。扇形のレンガを積んだ丸い井戸。その周囲の石畳をようく見回してください。きれいなハート型の石がひとつ、こっそりまぎれこんでいます。

〈その二〉　ニューグランドの一本裏の通り（水町通り）を、日本大通りのある方へ向かって歩いてみてください。県民ホールの一つ先に産業貿易センターがあります。通りを隔てた向かい側を見ると、低い階段状になったレンガの遺構があります。このあたりが外国人居留地だった頃、そこにあった洋館の遺構です。

ここでも近くの石畳をよく眺めてみましょう。ほら、ハートが……。

〈その三〉　横浜球場のある横浜公園は、開港と同時に港崎《みよざき》遊廓が建設されたところです。江戸の吉原、長崎の丸山に勝るとも劣らぬと称賛された、豪奢な遊廓でした。しかし1866年（慶応二）に起きた大火で全焼し、いま、遊廓をしのぶよすがとなるものは、公園内の日本庭園に置かれた一基の石灯籠だけです。

この公園にも、複数のハートが隠されています。一番、見つけやすいと思われるものを、ひとつだけお教えしましょう。

大きな公園ですから入口が複数あります。日本大通りへ通じる入口がありますね。公園に向かって右手に、もうひとつ、小さめの入口があります。遊具広場に面した入口です。

そこの敷石を、よく見回してください。

ありましたね、くっきりとしたハート。

愛は見つけた分だけあなたのもの。

欲張って探しましょう。

♣横浜三塔の見える場所

港の近くには、美しい塔を持つ歴史的な建物が三つあります。神奈川県庁、横浜税関、開港記念会館。それぞれの塔は、「キング」「クィーン」「ジャック」という愛称で呼ばれてきました。

いまほどビルが建ち並んでいなかった頃、三つの塔は港周辺のどこからでも良く見えました。入港してくる船にとっては目印でもあったのです。

でもいま、三塔揃って見える場所はそう多くありません。そこで、ここなら確かに見える、という場所を四ヵ所、ご紹介しましょう。

その一　開港記念会館の向い側

ジャックの塔を持つ開港記念会館。玄関の前に交差点があります。それを向かい側に渡ると検察庁があります。その角に立って見上げてください。

その二　神奈川県庁分庁舎前
羅針盤の形をしたプレートが舗道に埋め込まれています。

その三　赤レンガ倉庫裏
一号館の先に広い突堤があります。もっとも大桟橋寄りまで行ってみてください。ここにもプレートがあります。ジャックの塔はビルの間から、緑色の塔だけ小さく見えます。

その四　大桟橋
「くじらの背中」と呼ばれる芝生の広い屋根。ここはぐるりと歩いてみましょう。白い足マークが見つかります。

三塔の見える場所をすべて回ると願い事が叶う……という都市伝説があります。どうせなら願い事をしっかり決めてから回りましょう。

♣見えないカード

三塔に呼び名をつけたのは外国人船員たちで、トランプのカードにちなんだと言われています。しかしキング、クィーン、ジャックがあるなら、「1」から「10」までのカードもあったほうがいいのでは……と、誰か思ったりはしなかったのでしょうか？

いたのですね、それが。そして作ったんですね、ちゃんと。さすが、横浜です。これを知っている人は、けっこうな横浜マニアです。カードが10枚、じつにわかりやすい場所に堂々と並んでいるのですが、そばを通っても案外気がつきません。なぜかと言えば大きすぎて、かなり高い所からでないと、それがトランプカードだとわからないからです。

場所はみなとみらい。ワールドポーターズのそばに、大きな門のかたちをしたナビオスというホテルがあります。ホテルの裏は運河。その護岸に出て、川沿いの敷石をよく眺めてみてください。

巨大なトランプカードが「1」から「10」まで、じんわりと浮かび上がってきます。

♣ニューグランドのパンダ

さて、最後にとっておき。ニューグランドのロビーにパンダが隠れていることをご存知でしょうか？

正面玄関のあるタワー館のロビー。パンダはそこの壁にいます。ロビーはそんなに広くありませんから、どこにいるか、ぜひ捜してみてください。

ヒントは、「ベルデスク」です。

あとがき

ホテルが大好きです。おびただしい数の人生がしばし留まり、眠り、目覚め、喜び、悲しみ、怒り、笑い、絶望し、希望を得、また分かれていく不思議な空間。ロビーに足を踏み入れただけで、ミステリーの最初のページを開くときのようなときめきを覚えます。

小説家の端くれですから、もちろんそのときめきを長編や短編にしてきました。「ヨコハマ幽霊《ゴースト》ホテル」は中華街の小さな怪しいホテルが舞台の長編。「ホテルウーマン」はホテルで働く若い女性を主人公にした長編。「紅色ホテル」と「海のサロメ」は海外や日本の実在するホテルを背景にした短編集。

でもまだ、書きたいのに書いてないものがありました。ホテルと同じくらいに好きな横浜の歴史。この二つをコラボレートさせたい。ひとつのホテルを通して、そこを行き交った歴史のエピソードを綴りたい……そんな夢を、ひそかにあたためていました。

横浜の歴史と大きく交差するホテル、それはホテルニューグランドをおいてほかにはありません。山下公園、山手、元町、中華街といった開港横浜の重要ポイントを従え、関東大震災の復興シンボルとして誕生しました。その華やぎとは裏腹に、終戦時には米軍による接収という辛酸も舐めています。

わたし個人としては、思い入れが深すぎて敷居の高いホテルでした。

その敷居をぽんと外してくださったのが、ニューグランドの広報室支配人、和田聖心さんです。ちょっとしたきっかけで知り合ったのですが、その後、おりにふれ、このホテルに馴染む機会を与えてくれました。

そうして二年ほどたったある日、「ニューグランドを通して横浜の歴史を知る」本を書きたいのですと、わたしは和田さんに打ち明けました。

「それは小説ですか？　エッセイ？」

和田さんはイメージを掴みかねる様子でしたが、それでもわたしを信じて、全面的な取材協力を約束してくれました。

彼女のおかげで原範行会長をはじめ、ニューグランドに携わるさまざまな立場の方からお話を伺うことができたのです。あらためて、お礼を申し上げます。

カメラマンの大森裕之さん、デザイナーの矢萩多聞さん、春風社の内藤寛さん、わたしの思いをかたちにしてくださって、ほんとうにありがとうございました。

そして、この本を読んでくださった、あなた。

歴史の時空を楽しく翔んでいただけますよう、心から願っております。

山崎洋子

２０１１年11月

お世話になった方（敬称略・あいうえお順）

◎

安藤和夫
石橋秀樹
市井勇人
大久保文香
斎藤多喜夫
佐藤彰芳
佐藤謙一郎
柴田浩一
嶋田昌子
ジョン・デンティチ
杉村清三
多根雄一
平野幹弥
ホテルニューグランドの皆さま

【著者】山崎洋子（やまざき・ようこ）
一九八六年、第三二回江戸川乱歩賞を『花園の迷宮』で受賞。小説家としてデビュー。横浜を舞台にした著作が多い。舞台の脚本・演出も手掛ける。二〇一〇年、地域放送文化賞（ＮＨＫ主催）受賞。近著に、『横濱　唐人お吉異聞』（講談社二〇一二）、『誰にでも、言えなかったことがある』（清流出版二〇一四）、『女たちのアンダーグラウンド　戦後横浜の光と闇』（亜紀書房二〇一九）、『天使はブルースを歌う　横浜アウトサイド・ストーリー』（亜紀書房二〇一九）がある。

横浜の時を旅する
——ホテル ニューグランドの魔法

二〇一一年一二月一五日　初版発行
二〇二三年一一月二四日　5刷発行

著者　山崎洋子　やまざきようこ

発行者　三浦衛
発行所　春風社　Shumpusha Publishing Co.,Ltd.
横浜市西区紅葉ケ丘五三　横浜市教育会館三階
〈電話〉〇四五・二六一・三一六八　〈FAX〉〇四五・二六一・三一六九
〈振替〉〇〇二〇〇・一・三七五二四
http://www.shumpu.com　✉ info@shumpu.com

装丁・レイアウト　矢萩多聞
写真　大森裕之
印刷・製本　シナノ書籍印刷株式会社

ISBN 978-4-86110-296-7 C0095 ¥1600E
JASRAC 出 1114949-101